岩波文庫

38-604-2

精神の生態学へ

(上)

グレゴリー・ベイトソン著
佐藤良明訳

岩波書店

STEPS TO AN ECOLOGY OF MIND
Collected Essays in Anthropology, Psychiatry, Evolution, and Epistemology
by Gregory Bateson

First published 1972 by Chandler Publishing Company, San Francisco.
University of Chicago Press edition 2000.

This Japanese edition published 2023
by Iwanami Shoten, Publishers, Tokyo
by arrangement with Bateson Idea Group
through Brockman, Inc., New York.

目次

中巻目次

下巻目次

本書（全三冊）は一九九〇年に思索社より刊行された『精神の生態学』（全一冊）を底本とし、大幅な改訳を施した。本文および原注内の［　］は訳者による補足である。

謝辞

世の中には、成果の上がらない研究を一人だけで続けていける強靱な精神の持ち主もいるようだが、わたしはそうではない。自分の研究に未来があること、正しい方向へ進んでいることを信じてくれる人々の支えなしには、やってこられなかった。そして、自分でも自信の持てない研究に、変わらぬ信頼を寄せてくれる人たちがいることを知るたびに驚いていた。周囲の期待が重荷になって、「知るもんか、自分でも何をやっているか分からないんだ。みんなに分かるはずがない」といって、振り払ってしまおうとしたことさえある。

ニューブリテン島でバイニング族を相手に行なった、わたしの最初の人類学調査[*1]は失敗だったのだし、イルカを相手にしたときも的を外した研究をやっていた時期があった。だからといって、わたしへの評価は下がっていない。

自分で自分を見捨てたくなったようなときにも、わたしをバックアップして下さったたくさんの人とたくさんの団体に、感謝しなくてはならない。

まず、ケンブリッジ大学セント・ジョンズ・カレッジのフェロー選考委員のみなさんが、バイニング族の調査に失敗した直後のわたしを、特別研究員に選んで下さった。

年代順にいくと、その次がマーガレット・ミードになる。[*2] バリとニューギニアでの仕事は、妻であり最高に親密な協働者である彼女に深く負うものだ。彼女とは、その後も友人として研究者として、交流が絶えていない。

一九四二年、メイシー財団の主催する学術会議で、「フィードバック」について熱のこもった議論をしていたウォーレン・マカロックとジュリアン・ビゲローに会った。『ナヴェン』(*Naven*, 1936)を出版していたわたしは、当時まだその名も存在していなかった「サイバネティクス」への入り口に立ってはいたが、負のフィードバックの概念が欠けていた。戦争から帰国したわたしは、メイシー財団のフランク・フリーモント＝スミス氏[*3]を訪ね、謎に満ちたこの問題を論じ合う学術会議を開いてくれないだろうかと申し入れた。すると、ちょうどその種の会議の企画を、マカロック氏を主宰者にして立てたばかりだという。こうしてわたしは、有名な「サイバネティクスに関するメイシー・カンファレンス」の一員に加わることができたのである。ウォーレン・マカロック、ノーバート・ウィーナー、ジョン・フォン・ノイマン、イヴリン・ハチンソンをはじめとする会議の構成メンバーから受けた影響は、戦後のわたしの書き物のすべてににじんでいる。*4

サイバネティクスの思考と人類学のデータを合成する試みの最初の段階では、グッゲンハイム財団から奨励金をいただいた。

精神医学の分野に足を踏み入れた時期に、その世界独特の奇妙な性質についてわたしに手ほどきをしてくれたのが、ラングリー・ポーター・クリニックでの同僚ジャーゲン・ルーシュである。*5

一九四九年から六二年までは、「民族学者」という肩書きで、パロ・アルトの退役軍人局病院に籍を置き、そこで何でも好きなことを、外的要請に煩わされることなしに研究する自由を与えられていた。この稀有の特権をわたしに授けてくれた病院のディレクター、ジョン・J・プラズマック博士に感謝する。

この時期に、一九三六年の初版刊行当時にはさっぱり話題にならなかった『ナヴェン』が、スタンフォード大学出版局バーナード・シーゲル氏のおかげで再版の運びになった。もう一つの幸運は、フライシュハッカー動物園［現サンフランシスコ動物園］で、カワウソの遊ぶシークエンスを収めたフィルムを入手できたことである。それはささやかな研究計画をまとめるのに十分な理論的関心を呼び起こすものだった。

精神医学の分野ではじめて研究奨励金をいただいたのは、『ナヴェン』を数年間もベッドの脇に置いていてくれたというロックフェラー財団の故チェスター・バーナード氏のおかげである。「コミュニケーションにおける抽象化のパラドクスの役割」というのが、わたしの出した研究のタイトルだった。

その奨励金によって、ジェイ・ヘイリー、ジョン・ウィークランド、ビル・フライの三名を加えた研究班が、[*6] パロ・アルトの病院のなかに発足した。

しかしこの研究も失敗の憂き目にあった。奨励金は二年かぎりのものであり、その間にバーナード氏が去って、更新の申込みも却下されてしまったのだ。われわれの研究は援助の継続を正当化できるほどの成果を上げていなかったらしい。しかし奨励金が切れてからも、研究班は無報酬でわたしのところに留まってくれた。研究は続行し、奨励金がストップして数日ののち、わたしが必死の思いでどこか援助してくれそうなところはないものかと、相談の手紙をノーバート・ウィーナーに書いていたちょうどそのとき、ダブルバインドの仮説が生まれたのである。

救いの手は、フランク・フリーモント＝スミスのいたメイシー財団からさしのべられた。

その後、精神医学研究基金と国立精神衛生協会からも奨励金を授かった。

研究を続けていくうちに、コミュニケーションにおける論理階型の考察を先に進めていくには、生物に題材を求めるべきだと思うようになり、わたしはタコを飼い始めた。これには妻ロイス[*7]も加わって、われわれは居間で一ダースほどのタコの観察を続けた。この研究は当初の段階では先行きの明るいものに思えたが、よりよい条件のもとで、回数を重ね、もっと手広く行う必要があった。しかしそのための奨励金は得られなかった。

このときジョン・リリーが申し出て、ヴァージン諸島にある彼のイルカ研究所のディレクターをやらないかと誘ってくれた。そこで一年ほど働き、クジラ目の動物のコミュニケーションについての関心を高めたが、結局わたしは、資金の出所もあやしい場所で、こまごまとした運営をやっていけるような人間ではないようだった。

この苦労の最中のこと、国立精神衛生協会からキャリア・ディベロップメント・アウォード[*8]を授かることになった。わたしの仕事に変わらぬ関心を寄せてくれていた、協会のバート・ブース氏のご尽力のたまものである。

一九六三年、ハワイのオセアニック財団のタイラー・プライアー氏の招きで、当地の海洋研究所に行き、そこでクジラ目をはじめとする動物および人間のコミュニケーションの諸問題の研究にうちこめることになった。第五篇の全体を含む本書の半分以上は、そこで書いたものである。

ハワイ滞在中の後半は、ハワイ大学イースト＝ウェスト・センターにある文化学習研究所にも籍を置いた。学習Ⅲについての理論は、そこでのディスカッションからひらめきを得たものである。［中巻「学習とコミュニケーションの論理的カテゴリー」参照。］

本書には、ヴェナー＝グレン学術会議のために書いたペーパーが四つも収められている。ヴェナー＝グレン財団の方々のなかでも、特にリサーチ・ディレクターのリタ・オズマンドセン夫人には、個人的な感謝の気持ちを表したい。

その他にも、その時々にお世話になった方は数多い。一人ひとりお礼を述べられないのが残念だが、書誌を用意して下さったヴァーン・キャロル博士と、本書出版のために、長期にわたって正確な仕事を遂行してくれた秘書のジュディス・ヴァン・スルーテンさんのご苦労に対しては、特に名を挙げて感謝の意を伝えたい。

最後に、科学研究に従事する者はみな過去の巨人たちから恩を受けていることを一言書き添えておきたい。次の考えが浮かばず、どんな試みも空しく思えるとき、より偉大な科学者たちが同じ問題と格闘していたのだと思うことは大きな支えになった。わたしが得てきたインスピレーションの背後にもつねに、精神と身体との統一という発想の灯を二百年以上にわたって運び続けてきた、多くの偉大な精神があったのである。進化論を創始しながら、神が「特別の創造」を行なったと信じたキュヴィエ[*9]によって破滅させられ、あわれな盲目の老人として一生を閉じたラマルク。「おのれの眼によってではなく、おのれの眼を突き抜けて」物事を見、人間の何であるかを他の誰よりも熟知していた詩人で画家のウィリアム・ブレイク。同時代にもっとも強力なダーウィン進化論への批判を展開し、統合失調症患者の家庭の最初の分析者でもあったサミュエル・バトラー。コンテクストというものの本性を最初に認識し、それを水晶のような文章で分析したR・G・コリングウッド。[*10] そして、一八九四年の時点ですでにサイバネティックな考えを受け入れる用意を整えていた父、ウィリアム・ベイトソン。

選択と構成について

本書は、わたしのこれまでの書き物全体のなかで、長すぎるもの(単行本やデータの詳細な分析)と瑣末にすぎるもの(書評とか論争に寄せた個人的意見など)を除いたほとんどすべてを収めたものである。全書誌一覧は巻末[下巻]に付しておいた。

大まかに言って、わたしが関わってきたのは、四種類の題材である。人類学、精神医学、生物の進化と遺伝、そしてシステム理論とエコロジーにもとづく新しい認識論《エピステモロジー》。本書の第二篇から第五篇までは、それぞれの題材別にまとめられている。わたしがこれまでの研究人生で扱ってきた題材は、互いにオーバーラップしながらも、だいたいにおいてこの順番で移行してきた。各「篇」内の論の配列は、書かれた順番になっている。
何カ所か重複しているところがあるが、読者は自分の専門や関心に合った部分を他の箇所より丹念に読むだろうと考え、削除はしないでおいた。精神医学関係の人で、アルコール依存症への関心から「〝自己〟なるもののサイバネティクス」〔中巻〕を読まれる読者は、同じアイディアが、もっと哲学的な衣裳をまとって、「形式、実体、差異」〔下巻〕で展開されているのに出会うはずである。

一九七一年四月十六日

ハワイ、海洋研究所――G・ベイトソン

■――訳注

＊1　バイニング族は現在のパプア・ニューギニア領ニューブリテン島北東部の半島に住む。ケンブリッジ大学セント・ジョンズ・カレッジを卒業したベイトソンは、人類学者A・C・ハッドンの提案でバイニング族のもとへフィールドワークに出発。その調査によってフェローシップを与えられ、『ナヴェン』執筆に通じるニューギニア本島イアトムル族の調査が可能になった。

＊2　グレゴリーより年上のマーガレットは、マヌア諸島の中のタウ島の調査に基づく『サモ

アの思春期』*Coming of Age in Samoa*(1928)によって世界に名を知られていた。一九三六年結婚、一女メアリー・キャサリン(一九三九―二〇二一)を得て一九五〇年離婚。

＊3　フランク・フリーモント＝スミスはハーバード大学メディカル・スクールの神経病理学者。恒常性維持の機構に関心を抱き、ジョザイア・メイシー財団の医学班のディレクターとして脳の制御に関する学際的なメイシー・カンファレンスを組織。

＊4　長年に及んだ学術会議の多彩な参加者については、巻末「ベイトソンの歩み」を参照されたい。

＊5　一九四八年にサンフランシスコに渡ったベイトソンは、スイス出身のジャーゲン(ユルゲン)・ルーシュのクリニックで共同研究を行い、精神科の診療医への聞き取りを繰り広げたが、そのデータは公表に至らなかった。ともあれ、サイコセラピーの現場をフィールドにしたことが、以後のベイトソンのキャリアと名声を決定づける。

＊6　三人とも当時三十代前半の若手。以前の教え子で親しかったジョン・ウィークランド、スタンフォードの大学院にいたジェイ・ヘイリー、さらに退役軍人局病院のインターンを経て開業医を始めたビル・フライも招いて、きわめて自由で実験的な研究の試みが続けられた。フライが従軍した後をドン・D・ジャクソンが埋め、かくして後に〝パロ・アルト・グループ〟と呼ばれる一派は、遊ぶ動物の映像や、統合失調症者の談話、ユーモアの現象などを対象に、バートランド・ラッセルの論理階型理論を活用するという高度に独創的な研究に勤しんだ。

＊7　グレゴリーは、マーガレット・ミードとの離婚後、一九五一年ベティ・サムナーと結婚、男児ジョンを得たが、五八年に離婚。六一年にロイス・キャマックと結婚。六十代半ばにして女児ノラをもうけた。ノラ・ベイトソン（一九六八―）は長じて国際ベイトソン協会の会長を務める。

＊8　重要と目される研究を支援するために、何年間かにわたって給与と研究費を供与してくれる助成金。

＊9　ジョルジュ・キュヴィエ男爵（一七六九―一八三二）は、比較解剖学の立役者にしてフランス・アカデミーの重鎮。化石から再構築される生物の姿が時代によって異なる事実を突き止めながら、聖書創世記に抵触しない独自の説明を与え、一つの種が別の種に変化すると説くラマルク（一七四四―一八二九）の主張を退けた。

＊10　R・G・コリングウッド（一八八九―一九四三）は、ベイトソンの成長期から壮年期にかけて、歴史、宗教、芸術、言語と広範囲にわたる対象について、分断的でなく統合的な理解を促す著作を発表し続けたイギリスの哲学・美学・考古学者。

精神の生態学へ（上）

序章　精神と秩序の科学

これまでの論文と講演録を集成したこの本のタイトルを *Steps to an Ecology of Mind*（精神の生態学への足取り）としたのは、内容をできるだけ正確に表そうという意図からである。ここに収めたのは、三十五年以上にわたって書かれた多数の独立した論考だが、それらが一体となって提起しているのは、「観念」ideas または観念の集合体である「精神」mind についての新しい思考である。[*1] これを「精神の生態学」、あるいは観念の生態学と呼びたいと思う。それはまだ、理論も知識も系統だっていない、新しい科学である。

「観念」といっても、従来そう呼ばれてきたものとは、いささか趣が異なる。本書が全体として打ち出している「観念」というのは、きわめて広範で形式的なものだ。具体的な内容は各論にゆずるとして、まずひとこと、わたしの信念を述べておきたい。動物の左右対称性という問題も、植物の葉の配列パターンも、二国が競って軍備拡張するプロセスも、求愛の進行過程も、現象としての遊びも、センテンスの文法構造も、生物進化の謎も、現在危機的な状況を迎えている環境問題も、わたしの提唱する観念の生態学の視点からのみ、理解することができるのだと。

本論が提起するのは生態学的な問題である。観念はどのように相互作用するのか。ある観念を生き続けさせ、別の観念を淘汰する自然選択のようなものがあるのだろうか。精神の一領域のなかで、観念が一定限度以上に複雑にならないのは、どのような経済性のはたらきによるのだろうか。精神のシステムまたはサブシステムの安定（生存）のために必要な条件は？

これらの問いのいくつかについて以下考えていくわけだが、本書全体の趨勢は、個々の問題に解答するよりも、むしろこの種の問いかけが有意義に行えるよう、思考の道ならしをする点にある。

これまで自分が何をやってきたのかということが十分明らかに見えてきたのは、一九六九年の終わりになってからのことだった。コージプスキー記念講演（「形式、実体、差異」）［本書下巻所収］の原稿を書きながらわたしは、それまで未開民族、統合失調症、生物の対称性を論じるなかで、そして伝統的な進化と学習の理論を批判するなかで、自分がすでに新しい科学の領域を画定することにとりかかっており、そこに広く点在する指標――思考の依拠すべきポイント――を手にしていたことに気づいたのだ。これらの指標こそが、本書のタイトルで言う「ステップス」である。

わたしが携わってきたような研究は、研究が進んだことの結果として、はじめて何を研究していたのかが分かるという手合いのものなのだろう。「歩き方」の指南書もなく、宿を取る場所も訪れるべき教会も何も知らないまま、ただ以前にこの方面を旅した人の話を風のたよりに伝え聞いて進むほかはない。それでどうやって目的地に着くことができるのかは謎である。おそらく、目的の地点がどこなのか、探究する問題が何なのかを意識が知るずっと以前に、なんらかの深層レベルのプロセスがはたらいて、適切な経験と思考へと探究者(科学者であれ芸術家であれ)を導いてくれるのだろう。

わたしはつまらない問題と本質的な問題との区別がつかないまま研究をやっているように思える同僚には、しばしば苛立ちを覚えてきた。しかし、学生からその違いをはっきりと説明するように求められると、言葉につまってしまうのだった。宇宙の「秩序」と「パターン」の解明に通じるものは、どれも絶対につまらない研究ではない、という曖昧な答えをするのが精一杯だった。

しかしこれでは、質問を招き入れるだけである。

パロ・アルトの退役軍人局病院で、精神科の実習生を相手にかなり自由な授業を受け持っていたとき、わたしは本書に盛り込まれている内容を学生自身に考えさせるような内容の講義をした。学生はきちんと出席し、授業に強い関心も示したが、毎年授業が三回か四回進んだところで、きまって質問が上がってくるのだった。「この授業のテーマはいったい何なんですか？」

わたしとしてもいろいろな答えを試みた。あるときは、学期末にはこういう問いに答えられるように、と言って、まるでカトリックの教理問答集のような質問のサンプルを学生たちに手渡した。「サクラメント〔聖跡・聖体〕とは何か」「エントロピーとは何か」「遊びとは何か」と、色とりどりの問いを盛り込んで。

教育戦略として、これは失敗だった。クラス全員だまりこんでしまったのである。しかしそんななかでも、役に立った問いはある。

幼い子供がホウレンソウを食べるたびに、ごほうびとしてアイスクリームを与える母親がいる。この子が、(a)ホウレンソウを好きになるか嫌いになるか、(b)アイスクリームを好きになるか嫌いになるか、(c)母親が好きになるか嫌いになるか、を知るには、ほかにどんな情報が必要か。

この問いとたくさんの類題の討議に、授業の一回か二回分を費やすなかで、この種の問題に必要なのは、母親と子供の行動のコンテクストについての情報に限られる、ということがハッキリと理解されてきた。この「コンテクスト」の現象、そしてそれと密接に関連する「意味」の現象の有無が、いわゆる「ハード・サイエンス」と、わたしが目指していた科学との境界を画するものなのである。

わたしの授業がいったい何についてのものなのか、学生たちが不審がる理由が、思考の方法の違いにあるということが、わたしにも次第に分かってきた。その鍵を与えてくれたのは、一人の学生の質問である。最初の授業で、わたしはイングランドとアメリカの文化的な違いについて話した。イギリス人の教師がアメリカ人の学生に文化人類学の講義をするときには、特に意味のある題材である。授業が終わると一人の実習生が近づいてきて、他の学生が教室を出ていくのを肩ごしに確かめてから、ためらいがちに口を開いた。「質問なんですが……」「どうぞ。」「先生の今のお話は、僕たちが、あの……習得すべきことなんでしょうか。」わたしは答えにつまったが、彼は続けざまにこう言った。「それとも、今のはなにか別のことを分からせるために挙げた例のようなものなんでしょうか。」「そうなんだ、その通りだよ。」

しかし何の例なのだろう?

それと、毎年のように、漠然とした不満の声が、噂のかたちでわたしの耳に届いてきた。「ベイトソンは、知ってることを全部教えてくれない」とか、「ベイトソンの話にはいつも先があるんだが、それが何だか言わないんだ」とか。

わたしの話が何を分からせるための例なのか、伝わっていないことは明らかだった。わたしも本気になった。そして用意したのが、科学者の仕事を示す図である。その図を持ち出したことで、わたしの思考習慣と学生たちの思考習慣の違いが鮮明になった。彼らはデータから仮説へと帰納的に思考と議論を進めていく訓練は受けていても、科学と哲学の基本原理から演繹的に導き出した知識を仮説と照合していく訓練に欠けていたのである。

図は、三つの欄《コラム》からなる。左の欄は未解釈のデータで、ここに並べたのは人間と動物の行動を映した記録フィルム、実験の記述、甲虫類の足の記述または写真、人間の発話の録音テープ等々である。〝データ〟というのが事象 events や対象 objects そのものではなく、つねに事象や対象の記録、記述、記憶であるという点を確認しておきたい。科学者と対象の間には、つねになまの事象を変換し、別のコードに移し替えるプロセスが介在する。物体の重さは他の物体の重さとの比較によって、または計量器による測定によって得られる。人間の声は、テープの上の磁気的な変化として記録される。そのうえ、手にしたデータがつねに何らかの選択を経た後のものだということも避けられない。なぜなら、どんな観察地点に立っても、宇宙の総体が観察されるということは、過去についても現在においても、決してありえないからだ。

厳密には、〝なま〟のデータというものは、存在しない。すべての記録は、何らかのかたちで、人間か器具による編集と変換を受けた後のものである。

そうはいっても、データが最も信頼のおける情報源であることに変わりはない。科学者はデータから出発し、データに立ち返っていくのでなくてはならない。

中央の欄には、定義が不完全なまま行動科学で一般に用いられている説明概念の数々を並べた。〝自我〟〝不安〟〝本能〟〝目的〟〝精神《マインド》〟〝自己《セルフ》〟〝固定的動作パターン〟〝知性〟〝愚昧〟〝成熟〟などである。礼儀を重んじて、わたしはこれらを〝研究促進的〟概念と呼んでいる。しかしその実質はといえば、ほとんどがその場その場で適当に作られたバラバラの観念であって、したがってそれらが寄り集まったときには、理解を曇らせる暗雲しか形成しない。これでは学問の進歩を遅らせるばかりだと、恐れる次第である。

右の欄には、わたしが「基底の知」fundamentals と呼ぶものを書き入れた。これには二種類あって、その一つが「真である以外ない」命題または命題系、もう一つが、どのようなケースにも一般に真である命題——いわゆる「法則」——である。前者の「真である以外ない」ものというのは、人間の定めた公理と定義の通用する範囲のなかだけで同義反復的《トートロジカル》に成り立つ命題のことだ。数学の、いわゆる「永遠の真理」は、ここに含まれる。「もし数というものが適切に定義され、もし足し算の演算法が適切に定義されたなら、その仮定のもとでは、5+7=12である」ということであるわけだ。一方の、科学的に(すなわち経験一般について)真である命題には、質量とエネルギーの保存の法則や、熱力学第二法則などが含まれるだろう。しかしトートロジカルな真理と、経験に基づく一般法則との境界は、実は明瞭でない。わたしの言う「基底の知」のなかには、まともな人間なら誰も「真」であることを疑わない命題でありながら、それが「経験的」なものか「トートロジカル」なものか容易に見定められないものが多いのだ。情報理論におけるシャノンの定理もその一つである。[*2]

　このように図示してみると、科学という営みの全体について、また個々の研究が立つ位置とそれが向かう方向について、多くのことが言えるようになる。——「説明」とは「基底の知」の上にデータをマップすることだ[*3]、とか、しかし科学の究極の目標は基底的レベルでの知識を増やすことにある、とか。

　科学の発展は圧倒的に帰納的なプロセスであり、またそうであるべきだと信じている研究者が、特に行動科学の領域に多く見られるようだ。先の図で言うと、彼らは〝なまの〟データを検討し、そこから〝研究促進的〟概念に移行していくことが進歩なのだ、と考えていることになる。それら〝研究促進的〟概念は、〝いまだ検証中〟の仮説であって、さらに多くのデータによってテストしていかなくてはならないけれども、そうやって徐々に修正と改良を加えていけば、最後には「基底の知」のリストに加えて恥ずかしくないものが完成する、という考えなのだろう。ところが現実はどうだったか。何千という頭脳明晰な人間が五十年あまりも、そのやり方で研究に励んだ結果、できたのは数百に及ぶ〝研究促進的〟概念の山ばかりではなかったか。真に基底的な知が、一つなりとも生まれただろうか。

残念ながら現代の心理学と精神医学と人類学と社会学と経済学で用いられている概念のほとんどが、科学の基本原理がつくる知のネットワークから完全に浮きあがったものであることは明白である。

モリエールの作になる喜劇の一場面にこんなシーンがある。医師資格試験で、お偉い先生方が受験生を取り囲み、「アヘンを服用すると眠くなるのはなぜか、その〝原因理由〟を述べよ」と質問するのだが、それに対し受験生が似非《えせ》ラテン語で誇らしげにこう答えるのだ。「それはアヘンが、誘眠素 *virtus dormitiva* を含有するからであります。」

科学研究には、研究者が複雑な相互作用システムに直面するという特徴がある。いまのケースでは、アヘンと人間がつくるシステムがそれだ。システムに(人間が眠るという)変化が生じると、科学者はシステムのどちらか一方の側に架空の〝原因〟を措定し、それで変化が説明できたと考えがちだ。アヘンが誘眠作用を物象化した物質を含むか、それとも、人間に〝誘眠体〟とかいう睡眠の欲求を物象化した物質があって、それがアヘンに反応して〝発現〟するのか。

こういうのはみな〝誘眠的〟な仮説だと言っていいだろう。科学者自身の内に含まれる〝批判能力〟――これも物象化された架空の原因だが――を眠りに誘うという意味で。データから誘眠的仮説に進み、そこからまたデータに戻っていくという研究の構え、あるいは思考の習慣は、おのずと強化されていく性質を持つ。科学者はみな予測が立つということに高い価値を置くのである。実際、現象が予測できるということは好ましい。しかし予測が可能になったからといって、その仮説が正しいということにはならない。その仮説が〝誘眠的〟なものである場合はなおさらである。アヘンが誘眠素を含むと主張する者は、この〝素〟の研究に一生を捧げることも可能だろう。それは熱の影響を受けるのか？　分溜したときには、どの蒸溜液に析出するのか？　分子式は？……これらの疑問の多くは、その答えを実験室で得ることができるものだ。こうして出発点の仮説に劣らず誘眠的な仮説の数々が誕生する。

誘眠仮説の蔓延は、今日の行動科学が「帰納性の偏重」に病んでいることのあらわれである。基底的な知とのつながりを失ったところで、いくらデータを集めてみても、まっとうな科学は始まらない。ひとりよがりの理論的考察がはびこるばかりである。

わたしがクラスで教えようとしたことは——そしてこの論文集を通じて読者に訴えかけたいことは——科学の研究には起点が二つあり、その両方にしっかりと根ざしていなくてはいけないということだ。まず観察をなおざりにしてはならない。と同時に、基底的な原理から外れてはならない。つまり、一種の挟撃作戦を成功させる必要があるということだ。

陸地の測量をする場合でも、天体図を作成する場合でも、二つの知の集積体をにらみながら、仕事が進んでいくわけである。一方には実際に測定したデータがあり、もう一方にはユークリッド幾何学がある。両者が一致しない場合は、データに誤りがあるか、データからの推論を誤ったか、さもなくば、幾何学全体を書き換えなくてはいけないような大発見をしたかのいずれかだろう。

科学の基底構造にも無知なら、過去三千年間、人間を対象にして営まれてきた綿密な哲学的・人文学的思索にも知識のない——エントロピーも、サクラメントも定義できない――そんな〝行動科学者〟には、生半可な仮説の密林をますます繁殖させることはせずにいてほしいものだ。

ただ、〝研究促進的〟観念と本源的観念との間のギャップを、ひとえに経験主義と帰納主義の偏重のせいにするわけにはいかない。それは、研究を「応用」へ駆り立てるせわしさのせいばかりでもなければ、科学の基底的な構造のことなど意に介さない人間をプロの研究者に仕立て上げる欠陥教育のせいばかりでもない。十九世紀の科学の基底構造そのものに、問題があったのだ。それは、大部分において、生物学者と行動科学者が直面する問題をのせる土台としては不適当で的外れなものだったのである。

少なくとも二百年間、ざっと言ってニュートンの時代から十九世紀の末にかけて、科学はもっぱら、なんらかの力や衝撃に帰することのできる因果関係を解明することにいそしんできた。ニュートンが利用することのできた数学というのは、圧倒的に数量指向の数学だった。このことと、力と衝撃に焦点を合わせる思考とがあいまって、人間は驚くべき正確さで、距離と時間と物質とエネルギーの量を測定するようになったのである。測量技師が、ユークリッド幾何学を絶対に踏み外してはならないように、科学者も大いなる保存法則から一歩も外れてはならなかった。物理学者と化学者は、分析すべきどんな事象も、必ず与えられた質量とエネルギーをもとにして記述することになった。この鉄則によって、ハード・サイエンスの思考全体が、一種特有の厳正さを獲得したのである。

行動科学の先駆者が、自分たちの推論のガイドとして、同じように厳正な基軸を求めたのは不自然なことではない。「長さ」と「質量」は、行動というものをどのように捉えるにしても、それを記述する道具としてほとんど使い物にならないが、「エネルギー」は手頃な概念に思えたことだろう。感情や性格の「強さ」とか「活力」という言い方は、すでに隠喩として定着していたわけで、これに「エネルギー」を結びつける誘惑は強かっただろうし、あるいは、「エネルギー」をなんらかの意味で「疲労」や「感覚鈍麻」の対概念として考えるのも魅力的だったに違いない。物質代謝は（厳密に物理的な意味での）エネルギーを供給するものであり、行動によって消費されるエネルギーも、完全に物質代謝によってまかなわれなくてはならない。とすれば、行動を論じるときに、その一つの決定要因として「エネルギー」を持ってくるのは理屈にかなっている、そう彼らは考えたわけだ。[*4]

「エネルギーの欠如は、行動を阻む」という言い方だったなら、まだしも役に立ったかもしれない。飢えた人間は、結局最後には行動を停止するわけだ。しかしそれも十分に正しくはない。アメーバは食物の欠乏によって、一時的に行動を活性化するのだ。つまり、アメーバのエネルギー消費は、体内へのエネルギー流入と逆比例的な関係を示すのである。

生物の行動データと、物理的・化学的基本原理との間に、橋を渡そうとした十九世紀の科学者（なかでもとりわけフロイト）は、たしかにそうした橋渡しの必要性を説いた点で正しかったのだが、「橋脚」として「エネルギー」を選ぶ誤りを犯したようである。生物の行動を、「質量」や「長さ」によって記述したらおかしいのであれば、エネルギーにしても、それよりましだということはあるまい。結局のところ、エネルギーというのは、〈質量×速度の2乗〉以外の何者でもないわけだ。〝心的エネルギー〟なるものが、そのような次元を持つと本気で主張する行動科学者はいないだろう。

われわれはもう一度科学的思考の土台に立ち戻って、〝研究促進的〟な仮説の良否をきちんとチェックすることができるような、頼りになる基本観念のセットを探し出さなくてはならない。

そう急ぐことはあるまい、と考えるむきもあるだろう。科学の基本原理はすべて経験から、帰納的に導き出されたものなのだから、今後とも帰納的なやり方で、じっくりと本源的なレベルをうかがっていけばそれでよいのだ、と。

この点にわたしは疑問を投じたい。科学における根底的な知というのは、そもそも帰納的に導き出されたものなのだろうか。われわれの思考が立脚するその土台を探るのならば、科学的、哲学的思考の始源にまで――科学と哲学と宗教が、別の営みに分化し、それぞれの専門家が誕生する以前にまで――立ち返る必要があるのではないだろうか。例として、ユダヤ＝キリスト教文化における起源神話の中核部分を取り上げてみよう。そこに関わる、哲学的・科学的な根本問題は何なのか。

はじめに神は、天と地をつくりたもうた。地はかたちなく空しく、淵のおもては闇であった。そして神の霊が、水のおもてを動いておられた。

そして神が言いたもうた。光あれ。そして光があった。神、光を見て、これを良しとなされ、光を闇と分かちたもうた。そして神は、光を昼と、闇を夜と名づけたもうた。夕があり朝があり、これがはじめの日であった。

そして神が言いたもうた。水の間におおぞらありて、水と水とを分けへだてよ。そして神はおおぞらをつくり、おおぞらの下の水とおおぞらの上の水を分かちへだてた。そしておおぞらを天と呼びたもうた。夕があり朝があり、これが二日であった。

そして神が言いたもうた。天の下の水はひとつ所にあつまり、かわいた地よ、現れいでよ。そしてみことばのとおりになった。そして神は、かわいた地を陸と、水のあつまりを海と名づけたもうた。そしてこれを良しと見たもうた。(欽定訳聖書)

創世記の最初の十節のとどろくような散文詩から、古代カルデア人の思考の前提あるいは基底観念を、ある程度推測することができる。そして、これはちょっと不気味なことだが、この古代の文書が土台としている考えの多くは、今日の科学の土台にあるもの——あるいは今日の科学が問題としているもの——と変わりないのだ。

1　物質の起源と本性の問題。これはまとめて脇にのけられている。

2　秩序の起源という問題。こちらはていねいに扱っている。

3　それゆえに右の二種類の問題が、分離している。その分離自体、誤りであるかどうかはともかく、現代科学の基底観念も同じ分離を抱えている。質量およびエネルギー保存の法則と、秩序・負のエントロピー・情報についての法則の間には、いまもつながりが存在していないのだ。[*5]

4　「秩序」というものが、「分け、隔て」sorting and dividing の問題として見られている。「分け隔てる」というプロセスの本質をなすのは、なんらかの差異が、後の時点で、それとは別の差異を引き起こすということである。[*6] 黒い玉と白い玉、または大きい玉と小さい玉が混ざっていて、それが区分けされるときには、玉同士の間にある差異に引き続いて、玉の置かれる位置の差異が現れることになる。（あるクラスに属する玉はそちらの袋に、違ったクラスに属する玉はこちらの袋に、といったふうに。）そうした現象が起こるためには、なんらかのふるいないしは「閾《いき》」――あるいは最高に優秀なふるいとしての感覚器官――が必要だ。とすれば「創世」における秩序生成の説明に、知覚機能を具えた存在が登場するというのは、理解できるところである。

5　分け隔てることと密接に絡むものとして、分類 classification の秘技がある。そしてそのあとから、「名づけ」という、すばらしく人間的な達成がくる。

以上が、この神話を構成する要素だが、どうだろう、これがすべて経験から帰納的に引き出された考えだと言い切れるだろうか。しかもこれを、思考の基底を異にする民族の起源神話と比較すると、疑問は一段と強まってくるようなのだ。

ニューギニアのイアトムル族の起源神話も、われわれのと同様、陸地と水域の分離という問題を中心に扱っている。それによると、はじめに、ワニのカヴウォクマリが前足も後足もバシャバシャと動かしていて、その攪拌によって、泥が水中に浮遊していた。そこに偉大なる文化英雄ケヴェンブアンガがやってきて、槍でカヴウォクマリを殺した。すると泥が沈殿して、かわいた陸地が出来上がり、ケヴェンブアンガはその陸地に自分の足跡を誇らしげに印した。いわば「これを良し」としたわけである。

経験から帰納的に論を進めるということでいえば、こちらの神話の方が、それに近い。泥はランダムにかき混ぜた場合には水中に浮かび、かき混ぜるのをやめると沈殿するわけだ。そのうえ、イアトムル族が住むのは、陸地と水域との分離が不完全なセピク河の谷あいの広大な湿地帯である。陸地と水域の分化に彼らが関心を示すのは至極当然である。

ともあれイアトムル族が行き着いた秩序形成の理論は、聖書創世記に書かれているもののほぼ正確な「逆」(換位命題)だった。イアトムルの思考では、ランダム化の作用が阻止されたときに分化が生じる。聖書では、分け隔ての行為を行う者が喚起される。しかし、物質世界の創造の問題と、秩序と分化の問題の間に根底的な分離を設けている点では、どちらの文化も一致している。

ここでふたたび考えてみよう。科学と哲学が混然とした原初的な思考において、その基底観念は経験的なデータから帰納的に導かれたものかどうか。それに答えるのはどうも簡単ではないようだ。実体と形式とは別物であるという認識が、帰納的方法から出てくるとは考えにくい。かたちのない、分けられていない物質というものを実際に見たことがある人間などいないわけだし、完全にランダムな出来事に遭遇した人間もいない。「かたちなく空しい」、つまり形式も実体も存在しない宇宙の存在が帰納的に得られたとするなら、それは途方もない——おそらくは誤った——外挿的推論によったとしか考えられない。

しかしそもそも、これらのプリミティヴな哲学が、観察行為を起点としていたのかどうかも疑問である。形式と実体の二分というのが、プリミティヴな言語における主語―述語の構造から演繹的に導き出されたという可能性も、少なくとも同等にある。しかしこの問題は、意味のある考察の範囲を超えているようだ。

わたしは、行動のデータと科学的・哲学的〝基底観念〟との間に橋を渡すことに関わってきた。例の精神医学生のクラスでも、そしてまた本書でも、その問題が——多くの場合、暗黙裡にではあるが——核になっている。先ほど行動科学における「エネルギー」の比喩的用法について批判したが、それは要するに、行動科学者の多くが、古代から二分されている形式と実体のうちの、誤った片割れの方に橋をかけようとしていることを単純に批判したものにすぎない。エネルギーと質量保存の法則は、形式 form ではなく実体 substance の世界に関わるものだ。しかし精神プロセス、観念、コミュニケーション、組織化、差異化、パターン等々は、あくまでも実体ではなく形式に関わるものである。

基底的な知の全体のうち、形式に関する部分は、サイバネティクスとシステム理論の誕生によって、ここ三十年、飛躍的に豊かになってきている。本書が関わるのは、生命と行動についての具体的な事実と、パターンと秩序の本性について今日知られていることとの間に架橋する作業である。

——本エッセイ[原題 "The Science of Mind and Order"]は、本書へのイントロダクションとすべく一九七一年に書かれた。

■——訳注

＊1 idea と mind という、ごく日常的な英語の訳語として、本訳書は、重すぎるのを覚悟して「観念」と「精神」で(ほぼ)通すことにする。意識的な「考え」も、怒りや喜びなどの情緒的・関係的な情報も、文化を統御する情報も、胚の発生プロセスもすべて包みこむ自然界の大いなる心性とそのサブシステムを、ベイトソンは mind と呼ぶわけだが、それを日本語でどう表したらいいのだろう? また、その「メンタル・プロセス」を構成する最小単位を、

ベイトソンは idea と呼んではばからないわけだが、これを日本語で一つの「何」と呼んだらいいのだろう？　不本意ながら、できるだけ特殊な味わいの出ない、無色の記号として通用しやすい訳語を当てた。

＊2　16枚のトランプから、Aが1枚を心の中で選び、Bがそのカードがどれか「イエス・ノウ」の質問で言い当てるという状況では、Bは少なくとも4つの質問をする(4つの「情報」を得る)ことが必要である。この「4」という数は、シャノンの公式によると、$\log_2 16 = 4$ として導かれるのだが、しかしこの、いつでも必ず正しい事実は、純粋に経験的ともいえないし、純粋に数学的ともいえない。

＊3　「説明」とは何か、についてのベイトソンの説明は独特である。『精神と自然』(本巻巻末の「グレゴリー・ベイトソンの著作」参照)の第Ⅲ章(ケース9)参照。

＊4　精神分析学の創始者フロイトにとって「リビドー」とは、単に「性衝動」に限らず「心的《サイキック》エネルギー」の全体を表すものだった。物理的な宇宙でエネルギー保存則が成り立つのと同様に、精神の諸機能を駆動する一定量の心的エネルギーがあって、その(大まかに言って)変換、配分、抑圧の具合が、個々の精神の特徴や病理をつくると彼は考えた。

＊5　「熱力学的エントロピー」は物質とエネルギーの世界に属し、「情報のエントロピー」は秩序と組織を扱う情報工学やコミュニケーション理論の世界に属す。別世界の概念でありながら、両者は形式的(数式による)表現を同じくする。本書下巻所収の「形式、実体、差異」には、両者を包括的に理解しようとするベイトソン自身の試みが含まれている。

＊6　ベイトソンは、差異を変換しながらプロセスしていく機構として「精神」というものを考えている。この点については本書下巻で詳述される。

第一篇　メタローグ

定義

メタローグとは、問題となっていることを単に論じるだけでなく、議論の構造が全体としてその内容を映し出すようなかたちで進行していく会話をいう。ただしここに収めた会話のうち、そのような二重のつくりをしているのは一部だけである。

進化理論の歴史を見ると、それが人間と自然との間で交わされ続けているメタローグになっていることに気づく。進化についての観念の生成と、観念同士の相互作用は、必然的に、進化プロセスを例示しているのである。

物はなぜゴチャマゼになるのか

娘　パパ、物はどうしてゴチャマゼになってしまうの？

父　なんだ、「もの」とは。「ゴチャマゼ」とは。

娘　みんないつも物を片づけてるでしょう？　わざとゴチャゴチャにしようとする人なんて、いないじゃない。物がひとりでにゴチャマゼになってしまうのよ。だからまた片づけなくちゃいけなく――

父　「ひとりでに」？　いじらなくてもか？

娘　誰もいじらなければ、そのまんまだけど、でも誰かがいじるとするでしょ。そうすると、ゴチャマゼになってしまうじゃない！　とくにほかの人がいじったとき。自分がいじったときより、もっとひどくなってしまうわ。

父　そう。だからパパはおまえに机の上をいじるなと言う。人にいじられると、自分がいじったときより、もっとゴチャマゼになってしまうからね。

娘　でもほかの人の物を動かすと、必ずゴチャマゼにしてしまうって……それ、なぜなの、パパ？

父　待て待て。そう簡単じゃないんだ。第一に、ゴチャマゼになるって、実際どうなることなんだろう。

娘　……何がどこにあるのかわからなくなって、それで、パッと見てきれいじゃないの。順序よく並んでないと、きれいじゃないでしょ？

父　おまえの思うゴチャマゼと、ほかの人の思うゴチャマゼとは、同じかな？

娘　同じでしょう？　違うの？　だって、あたし散らかし屋さんだし、あたしが散らかしたのを見ると、あたしだけじゃなくて、みんなゴチャゴチャだって思うわ。

父　そうか。じゃ、「片づいている」方はどうだろう。ほかの人が「片づいた」と思うのと、おまえが「片づいた」と思うのとは、同じだろうか。ママがおまえのものを片づけたとき、何がどこにあるか、すぐ分かるかな？

娘　……ママならわかるかもね。ママの片づけ方なら、あたし知ってるから。

父　パパは、ママにも机を片づけさせたりしないぞ。パパの思う「片づいてる」とママの思う「片づいてる」は違うから。

娘　あたしとパパでは？　やっぱりちがう？

父　違うね、きっと。

娘　でも、パパ、変よ。ゴチャゴチャなのは、みんな同じでしょう？　なのに片づいてるほうは、一人ひとりちがうの？　「片づいてる」って「ゴチャゴチャ」の反対なのに。おかしいわ。

父　ちょっと難しくなってきたな。最初から考えてみよう。「なぜ物はゴチャマゼになってしまうか」というのが、おまえの最初の質問だった。それを考えてるうちに、別なふうに考えなくてはいけなくなってきた。質問が動いてきたんだ。今はこういう質問になっている――「なぜ物は、キャシーが〝片づいていない〟と思うふうになってしまうのか」。どうして言い換えたのか、分かるかな？

娘　……うん、わかる。だって――もしあたしの「片づいてる」が、ほかの人の「片づいてる」と意味がちがったら、ほかの人の「片づいてる」のなかには、あたしが見てゴチャマゼなのもある。でもゴチャマゼの方は、誰が見てもみんなゴチャマゼ。

父　よし、正解だ。じゃあ、おまえが「片づいてる」というのはどういうのか教えてごらん。絵の具箱はどこに置く？

娘　棚のこっちの端っこ。

父　それが、ここだと……

娘　そこじゃ片づいてない。

父　こっちの端っこでもだめか？

娘　だめ、そこじゃないんだから。それにまっすぐ置かなくちゃいけないの。パパの、曲がってるわ。

父　おっと、正しい場所に置くだけじゃいけない。まっすぐでないといけない。

娘　そう。

父　それじゃ、おまえの絵の具箱が片づいてるときの場所って、ずいぶん少ししかないことになるな。

娘　一つだけよ。

父　いや、一つだけじゃない。ちょっとこっちへずらしただけだと、ほら、これ、まだ片づいてるだろ？　だから「数少ない場所」と言わなくちゃいかん。

娘　いいわ。でも、とってもとっても数少ない場所よ。

父　いいだろう。とってもとっても数少ない場所だ。で、クマさんはどこに片づける？　お人形は？　『オズの魔法使い』の本とセーターとクツは？　どれも同じだね？　それぞれの物について「片づく場所」っていうのは、とってもとっても少ない——

娘　うん、だけどパパ、『オズの魔法使い』は、その棚の上ならどこでもいいの、それとね……知ってる？　あたしの本とパパやママの本がゴッチャになるの、あたし大きらいなの。

父　ああ、知ってるさ。（会話休止）

娘　パパ？　まだ終わってないわ。なぜ物は、あたしが片づいていないって思うふうになってしまうの？

父　しかし、もう終わったんだ。おまえがゴチャマゼだと思う並び方のほうが、片づいてると思う並び方より数が多いから。それが答えさ。

娘　でも……それ、理由になってないわ。

父　なってるとも。それどころか、この世にある、本当の、ただ一つの大理由なんだ、これは。

娘　パパったら、もう！　すぐそんなふうに言うんだから！

父　いや、でたらめ言ってるんじゃないよ、パパは。それが理由なんだ。科学というものはだね、いつも必ずその理由にひっかかってる。たとえばだな、このコップに砂を入れて、その上から砂糖を入れるとするよ。それをスプーンでかきまわす。すると、ゴチャマゼになるだろう？

娘　でも、それ、ゴチャマゼって言うの？　混ざり合ってるって言うんじゃないの？
父　ふむ……じゃ、こう言おう。もしだよ——もし、砂が全部下にきて、砂糖が全部上にくるのを「片づいてる」と思う人がいるとするね。パパがそう思ったっていい。
娘　……。
父　よし、じゃあ別な例でいこう。映画が始まるときに、スクリーンにいろんなアルファベットがゴチャゴチャになって出てくるの、見たことあるね？　あっちを向いたりこっちを向いたり、逆さまになってるのもあるんだが、テーブルが揺れだすと字も動きだして、しまいに全部の字がスーッと映画のタイトルに収まっていくんだ。
娘　知ってる、それ。ドナルドの映画！「DONALD」っていうつづりになるの。
父　どんなつづりになるかは問題じゃない。要するに、揺すったりかきまわしたりしたときに、だんだんゴチャマゼになっていくんじゃなくて、キチンとした順番に並んでいく。向きもちゃんとそろって。そして言葉のつづりになる。それを見てる人が、読むことができて、意味がとれる、そういう並び方になっていく——
娘　あ、それ、ほんとは——
父　——待ちなさい。パパが言ってるのは、あれは絶対、ふつうの世界じゃ起こらんということなんだ。映画でなきゃ——

娘　それ、パパ――

父　そうさ、映画じゃなきゃ、ああはいかん。物をかきまぜていくと、次第に秩序と意味ができていくなんて。

娘　パパ！

父　待ってなさい、まだ終わっていないんだから。いいね、映画を撮ってる最中は、あれは逆向きに進んでいるんだ。最初テーブルの上にちゃんと「DONALD」って並べておいて、カメラを回し始めたらテーブルを揺する。

娘　もう！　パパったら、あたしが言いたかったのをぜんぶ言ってしまうんだもの。それで映画館では逆回しでかけるのよね？　ほんとうは逆向きに起こってることなのに、そのまんま起こってるみたいにして。でもほんとうは、あれ、揺れ方も反対だったんでしょ？　それと、上下も反対に撮らないといけないのよね。……でも、それ、どうしてかしら。ねえ、パパ、どうしてなの？

父　おいおい、またか。

娘　どうしてカメラをさかさまに取りつけなくちゃいけないの？

父　だめだ。答えてやらん。まだゴチャマゼの話が途中じゃないか。

娘　いいわ、じゃあ。でも忘れないでよ、パパ。今度のときにカメラのこと、きっと教えてね。あたし忘れちゃうかもしれないから。パパ覚えててね。きっとよ。

父　分かった。しかし今度だぞ。——えーと、そうだ、なぜ物事は逆向きに起こらないかだ。パパが言おうとしていたのはだね、起こり方がたくさんあることは実際起こる。起こり方がたくさんあるということを示せば、そのことが起こる理由を言ったことになる。それはどうしてか、ということだ。

娘　やっぱり変よ、その理由。

父　変なものかね。いいか、もう一度最初から考えてみるよ。「DONALD」のつづり方は、一つしかない。これはいいね？

娘　いいわ。

父　よし、それじゃあ、その六つの字をゴチャゴチャにさせるやり方はどうだ。何万通りもあるだろう？　これもいいね？

娘　……さかさまになったりしててもいいのね？

父　そうだ。映画に出てきた、完全にグッチャグチャのゴチャマゼだ。ああいうのは何万通りも何億通りもある。そして、そのうちのたった一つだけが「DONALD」だということだ。分かったかな？

娘　それはいいけど、同じ六つの字で「OLD　DAN」にもなるわよ。

父　そんなことはどうでもいい。映画を作った人は「OLD　DAN」にはしたくなかった。「DONALD」にしたかったんだ。
娘　どうして？
父　どうしてって、映画を作る人の勝手じゃないか。
娘　でも、パパよ。映画作る人のこと言い出したの。
父　それはだね——それは、おまえに、どうして物事は起こり方の多いことが起こるのか説明を——もういい。寝なさい。
娘　まだ終わってないわ。どうして物事は、パパの言うように、起こり方の多いほうに起こるの？
父　分かった。ちゃんと言うから、もう余計なことは混ぜ込まんでくれよ。ドナルドはやめて、別の例でいこう。コインを投げて裏が出るか表が出るかで勝ちを決めたりするね？
娘　パパ？　まだ初めの質問の続き？「なぜ物はゴチャマゼになってしまうのか」っていう話をしてるの？
父　そうさ。
娘　じゃあ、今パパは、コインのことも、ドナルドのことも、砂とお砂糖のことも、あたしの絵の具箱のことも、それからコインのことも、みんな一緒に説明しようとしてるの？

父 そうだよ。

娘 そう……。どうなのかなって思ったの。

父 よし、今度はちゃんと言ってみるからな。砂と砂糖でいこう。砂が全部下にくるのを「片づいてる」とか「きちんとしてる」とか「秩序立ってる」とか思う人がいるとするね。

娘 そう思う人がいないといけないの？　そうじゃないと、かきまわしたとき、どうしてゴチャマゼになっちゃうのか説明できないの？

父 そうなんだ。そこが大事なところなんだよ。人間は希望的観測というのをする。こんなことが起こらないかなあ、とね。そこへパパが出かけてって言ってやる。残念ながら、そうはいきません。ほかに起こるかもしれないことが、こんなにたくさんあるじゃないですか、って。間違いないんだな。起こるのはたくさんあるうちの一つの方。

娘 パパって、あれみたい。競馬の、何てったっけ……

父 胴元か？

娘 そう、そのドウモトみたい。あたしが賭けたウマ以外のウマを、ぜんぶ応援するんでしょ。

父　その通り。みんなに、それぞれスッキリ感じる方へ賭けさせる。ゴチャゴチャの方が、限りなくたくさんあると知っててね。で、物事はいつもゴチャゴチャのマゼコゼへ向かっていく。

娘　最初っからそういうふうに言ってくれれば良かったのに。それならあたしにもよくわかるわ。

父　そうか。まあいい。もう寝なさい。

娘　パパ、大人の人はどうして戦争するの？　子供みたいに、ただケンカするんじゃなくって。

父　だめだ。ベッドに行きなさい。戦争の話はこの次だ。

——本稿[原題“Why Do Things Get in a Muddle?”]は一九四八年に書かれた未発表の原稿。

フランス人は、なぜ？

娘　フランス人は、なぜあんなに腕を動かすのかしら。
父　何のことだね。
娘　人とお話ししてるときよ。やたら腕を動かして話してるでしょ？　それ、どうして？
父　じゃ、どうしておまえはニコニコしながらしゃべったり、時には足を踏みならしたりするんだね。
娘　それは同じじゃないわ。あたしはあんなふうに腕を振ってしゃべったりしないもの。フランス人は、あの仕草やめられないのよね、どうなの？
父　どうだろう、まあ、やめるのは難しいかもしれんな。おまえはスマイルをやめられるかね？

娘　でも、あたし、いつもいつもスマイルしてるわけじゃないでしょ？　うれしいときにはニコニコするけど、うれしくないときもあって、そういうときはやめるでしょう？

父　そうだな。しかしフランス人だって、いつも同じふうに腕を振ってるわけじゃないぞ。こんなふうにやるときもあるし、こんなふうにやるときだってあるだろう。それに、パタッと腕を止めるときだって、あるんじゃないか？

＊

父　どんな感じがするかね。フランス人が腕を振ってしゃべってるのを見ると、どう感じる？

娘　バカげた感じ？……でも、相手のフランス人には、そうは見えないんでしょうね。だって、バカげて見えることをみんながやっているはずないわ。

父　うーん、そうかな。難しいところだ。ほかには？

娘　あと、エキサイトしてるっていうの……？

父　よし。「バカげて」いて「エキサイト」している。

娘　でも、ほんとにエキサイトしてるのかしら。あんなに腕を振ってしまうほど……。あたしだったら、歌い出すか踊り出すか、相手の顔をピシャッと叩くことはするでしょうけど、フランス人って、ただ腕をあっちこっちに動かしてるだけでしょう？　きっと、ほんとにエキサイトしてるんじゃないのよね。

父　ほんとにバカげてもいないのさ。おまえはどうなんだ。どうして歌ったり踊ったり、相手の顔を叩いたりしたくなるんだ？

娘　どうしてって、そうしたいときがあるじゃない。

父　フランス人だって、そうかもしれんぞ。腕を動かしたい気持ちになっている。

娘　えーっ、うそでしょう？　ずっと腕を振り回したい気持ちでいるなんて、おかしいわよ、パパ。そんなの変だわ。

父　おまえが腕を振りたくなるときの気分に、フランス人がいつもなっているはずはない、というのなら、それはそうさ。

娘　じゃあ、パパ、フランス人はどんな気持ちで腕を振っているの？

父　こう考えたらどうかな。おまえがフランス人と話をしてるとする。相手の腕はあっちこっち動いてるんだが、それが急にパタッと止まったとする。ただ口だけ動かしてしゃべってる――。そのときおまえは、どんな気がするだろう。「この人、もうバカげていない」とか、「穏やかな気分になった」とか、思うかな？

娘　ううん……こわくなるわ、きっと。なにか気にさわること言ったんじゃないかって。

怒っちゃったんじゃないかって……。

父　そうだ。本当に怒っちゃったのかもしれん。

＊

娘　わかったわ。フランス人は怒ると腕を動かすのをやめるのね。

父　待て待て。最初の問題は何だったんだ？　腕を動かすことでフランス人が何を相手に伝えているか、ということだったね。そして、ほら、答えが少しずつ出てきたじゃないか。今の自分の気持ちが、腕の振りで、かなり伝えられるのさ。「怒ってない」とか、おまえの言った「バカげた感じ」——その「バカげた感じ」であって、ぜんぜん構いませんとか。

娘　でも……おかしいわ、そんなの。怒ったときに怒ったことがわかるように、それまでずーっと腕を振ってるなんて。あとで怒るかどうかだってわからないのよ。

父　それは分からない。でも、念のためって——

娘　そんなのないわよ。ニコニコしてないとあとで怒ったとき困るからニコニコしてるんじゃないもの、あたしは。

父　そうかな。パパの考えは違うな。まさにそのことが、スマイルすることの理由の一つだと、パパは思う。心のなかでは怒ってるのに、わざとニコニコして、怒ってないように見せる人だってたくさんいるじゃないか。

娘　でも、それ、同じじゃないでしょ？　パパの言ってるの……顔でうそつくことよね。ポーカーのときみたいに。

父　そうさ。

＊

父　さてと。フランス人が、怒っていない、むくれていない、というのを伝えるだけのために、あれほど一生懸命に腕を動かすのは理屈に合わないと、おまえは言うんだね？　でも考えてごらん。人はぺちゃくちゃとずいぶんしゃべるけど、だいたい何をしゃべってるだろう。アメリカ人の会話って、だいたいどんな話だ？

娘　それは、いろいろでしょう？　野球のこととか、アイスクリームのこととか、庭のこと、ゲームのこと。それに、人のうわさ話もするわ。自分のことも話すし、クリスマスに何をもらったかとか――

父　それはいいんだが、いったい誰が聞くんだね。きのうの野球の話とか、人の家の庭の話とか……。つまりパパが言うのは、そういう話をしているときに、何を伝え合っているのかっていうことなんだ。本当に情報が交換されたりしているのか、交換されているなら、どんな種類の情報か――

娘　パパが釣りから帰ってきて、あたしが「何か釣れた？」って聞いて、パパが「何も」って言うでしょう？　パパが一匹も釣れないなんて、言われなければわからないわ。それ、情報でしょう？

父　ふむ。

＊

父　いいかね。釣りのことになるとパパは穏やかじゃいられない。その釣りの話をおまえがした。そして、会話が途切れた。それまで普通にしゃべっていたパパが急にしゃべるのをやめた。そうだね？　それで何が分かるか。魚が釣れなかった話をされてパパが機嫌を損ねた、そのことだろう？　フランス人が手をパタッと止めるのと、これは同じじゃないか。

娘　ごめんなさい。でもパパが――

父　「ごめんなさい」はちょっと待った。話がこんがらがってしまう。――いいよ、パパは何を言われようと、あしたまた釣りに行くさ。釣れる見込みなんか、全然なくっても――

娘　でもパパが、「どんな会話も、怒ってないことを伝えるだけだ」って言うもんだから――

父　いや、全部の会話がそうだというわけじゃない。話してる二人が、相手の言うことをよく聞こうという構えでいれば、いろいろ細かな情報を伝えることもできるさ。話すことが、ただ仲良くする以上のことになる。いや、情報を交換する以上のことだってできるかもしれない。新しい発見が得られることもね。

＊

父　とにかく、人が話をするときは、怒ってるとか怒ってないとか、そんなことしか言っていない場合がほとんどなんだな。お互い一生懸命フレンドリーだと言い合って、しかもそれがウソだったりして。みんな、話すことがなくなるとどうなる？　気まずそうな顔をするよね。

娘　でも、パパ、その「気まずい」っていうのだって情報でしょう？　怒ってるのとは違うっていう……

父　もちろんさ。「ネコはマットの上です」というのとは、違った種類の情報だけどね。

＊

娘　めんどくさいのね。「怒ってない」って、口で言ってしまえばいいのに。それじゃいけないのかしら。

父　そうなんだよ。そこなんだ。身ぶりで伝える情報と、それを言葉で言い直したものとは同じではない。そこがポイントだ。

娘　……？

父　つまり、「怒ってない」っていくら言葉で言っても、身ぶりや口調でそう言うのとは、けっして同じにならないんだ。言葉だけじゃ足らない。

娘　でも、パパ、言葉にはかならず口調があるでしょう？　口調はなくせないでしょう？　なくそうと思ってしゃべっても、聞いてる人には口調をおさえてるんだってわかってしまうもの——それだって、やっぱり、口調よね？

父　そう。パパはそのことを言ったんだ。もっと広く「身ぶり」も含めて。フランス人は、腕の振りをストップすることで、言葉《ワーズ》だけでは言えないことを伝えてる——ということさ。

*

父　しかし、言葉だけで言うって、どういうことだ？　そんなこと、ありえるんだろうか？

娘　書いた言葉は？

父　だめだめ、書いた言葉にだってリズムもあれば、響きもある。それは消せないよ。「ただの言葉」なんてものはないんだ。そこが肝腎なところさ。身ぶりや口調や、そういったものに包まれた言葉しか存在しない。しかし、言葉を包んでいない身ぶりというのは――これは、どこにでもあるな。

＊

娘　パパ？　フランス語の時間に、腕の振りかたを教わらないの、どうしてかしら……

父　さあ、どうしてか、パパも知りたいところだよ。外国語がなかなか身につかないのは、どうもその辺りに理由がありそうだ。

＊

父　ともかく、ナンセンスだ。言語《ランゲイッジ》が言葉《ワーズ》から成るという考え自体がナンセンスだ。「言葉だけで」とパパは言ったが、その言い方もナンセンス。「ただの言葉」なんてものはないんだから。構文とか文法とか、ああいった議論も、「ただの言葉」というものがあるという前提の上でやっているとしたらまるで意味はない――

娘　パパ？

父　――全部最初っから考え直すんでなければだめだ。言葉ってものを、もっと大きく、身ぶりのシステムとして捉え直すところから始めるんでなければ全然意味がない。だって、動物は身ぶりと口調しかないわけだ。「コトバ」ができたのは、ずーっとあとの話だよ。語学教師ができたのは、そのまたあとだ。

娘　パパ！

父　なんだね。

娘　言葉使うのをやめて、またジェスチャーだけでお話しするようになったら、おもしろいでしょうね。

父　ふむ。どうだろう。もちろんそれでは、会話にはならんだろうな。ワンワン、ニャーニャー言いながら腕を振り回しているだけじゃ。泣いて唸って笑ってるだけじゃ。しかし面白そうだね。毎日がバレエになるわけだ。バレリーナが自作の音楽に合わせて踊ってるバレエにね。

——このメタローグ［原題 "Why Do Frenchmen?"］の初出は、モダンダンスに関する年刊誌 *Impulse*（1951）。後に一般意味論の専門誌 *ETC.: A Review of General Semantics*（Vol. X, 1953）にも掲載された。

ゲームすること、マジメであること

娘　パパとあたしの会話って、マジメ《シリアス》な話なのかしら。
父　もちろん。
娘　パパは問答ごっこしてるんじゃないのね？
父　おいおい。……しかし、ゲームと言えばゲームだな。二人でプレイしているゲームではある。
娘　だったら、マジメじゃないんじゃない！

＊

父　「マジメ」って何なんだろう。「ゲーム」って何なんだろう。言ってみてごらん？
娘　その……もしパパが……。うまく言えないわ。
父　もしパパが？

娘　あたしにはマジメな話でも、もしパパが、ゲームだと思ってただプレイしてるんだったら……

父　ストップ。〝ゲーム〟を〝プレイ〟することのいいところと悪いところを考えてみよう。第一にパパは勝ち負けにはこだわっていない。そりゃ、おまえの質問で追いつめられれば、パパは一生懸命になるよ。なんとか答えを言葉にしようとしてね。しかし、ハッタリをきかせようとか、おまえをワナにかけようとかは思わない。ズルまでしたくはないね。

娘　そう、そのことなのよ。本気じゃないからそうなんでしょう？　質問に答えるゲームをしてるだけなのよ、パパは。プレイしてるの。ズルする人って、ただプレイしてるだけじゃいられなくなるからズルをするんですもの。本気になって、ルールのことなんか構っていられなくなるの。

父　しかしゲームは本気でやるものだよ、マジメなものだ。

娘　違うわ。パパは本気じゃない。

父　ズルしたい気にさえならないからか？

娘　それもあるけど。

父　おまえはどうなんだ。パパをひっかけたいとか、ズルして勝ちたいとか、いつも思っているのか？

娘　そんなわけないでしょう。

父　だったら、おまえだって。

娘　パパには分かんないのよ！

父　うん、分からんらしい。ところで、今の論戦《ディベート》はパパの勝ちだな。おまえから「ズルはしたくない」という返答を無理矢理引き出して、おまえも「本気《シリアス》」じゃないことにしてしまった。どうだ、これもズルのうちかな？

娘　ズルのうちよ。

父　パパもそう思う。ごめん。

娘　ねえ、いま思ったんだけど……パパとお話ししながら、あたしがズルをするとするでしょう？　ズルをしたいと思うだけでもいいんだけど。そういうときってあたし、本気で話してることにはならないみたい……。なにかそっちの方がゲームみたい。

父　そうだね。

＊

娘　でも、なんだかゴチャゴチャで、ワケが分からない。

父　たしかにゴチャゴチャだが、それにも意味はあるのさ。
娘　ほんと？　どんな？

＊

父　まあ、待て。これはなかなか言葉にしにくいことなんだ。まずだね、この会話にも意義はあるだろう。話しててパパもおまえも楽しいし、それだけじゃなく、話をしながら、頭のなかで考えがまとまっていくじゃないか。そのとき、頭が一度ゴチャゴチャになることは役に立つとパパは思うんだ。だって、もし二人の話がいつもスイスイ論理的に進んでいたら、元の場所に留まるしかないだろう。何百年も前から誰かがしゃべってたのと同じことを、オウムみたいに繰り返すしかなくなってしまう。言うこと全部がクリシェになる。
娘　クリシェって？
父　クリシェというのは、フランス語なんだが、もともとは印刷屋の言葉でね。印刷屋じゃアルファベットの活字を一つひとつ拾っていって、それを一本の棒のようにして文を作っていくわけだが、よく使う文や語句は、最初から別に作っておくと便利だろう？　そういうあらかじめ作ってある棒のことを、クリシェというんだ。
娘　分かった。でも、どうしてそのクリシェの話になったの？

父　二人で問答しながら、頭が混乱してくることに、どういう意味があるかということさ。混乱してこないように話を進めるというのは、カードを切らずにセブンブリッジをやるのと、ちょっと似てるんだな。

娘　それがどうつながってくるの？　あの、活字の棒と。

父　クリシェか？　同じことさ。印刷屋は出来あいのフレーズを活字の列にして持ってるわけだし、人間がものを考えるときも、最初から出来上がっているフレーズや考えに頼るわけだから。しかし印刷屋が何か新しいことを……つまり、新しい言語で書かれたものとかね、そういうものを印刷するときには、活字の列を一度全部バラバラにしないといけないだろう？　新しいことを考えたり言ったりするのも、それと同じさ。すでに組み上がってる考えのまとまりを、一度バラして組み替えないといけない。

娘　でも、活字を全部ゴチャマゼにはしないでしょ？　全部同じ袋に放りこまないで、aはa、bはbって、一種類ずつ箱に入れておくんでしょ？　コンマはコンマで一まとめにして。

父　そりゃそうだ。そうでないと、aの字を探すのも大変になって、頭がおかしくなってしまうものな。

＊

父　何を考えているんだ？

娘　質問だらけなの。

父　聞いてごらん。

娘　思考をバラバラにするところはいいのね。そうじゃないと新しい考えが出てこない、というのは分かるの。そのとき印刷屋さんは、一つひとつの活字をきちんと分けておくんだけど、あたしたちはどうなのかしら。考えの一番小さなまとまりは、やっぱり正しい順番に整理しておかないといけないのかしら。そうでないと、頭がおかしくなってしまう？

父　そういうことになるかな。しかし「正しい順番」とおまえは言ったが、その順番が——秩序が——どんなものなのか、これはパパにも分からん問題だ。とてつもない難問だよ。その答えを今日見つけようというのは、まあ無理だな。

＊

父　「質問だらけ」と言ったね。どんどん聞いてごらん。

娘　うん。何がゲームで何がマジメかっていう話から始まったんでしょう？　なのに、どうして思考をバラバラにする話になっちゃったの？　そうやっていつもパパは、話を混ぜ合わせるの。それもズルの一種よ。

父　そうじゃない。それは違う。

＊

父　質問が二つ出てきたね。でももっとあるんだ。今日の話は、二人の会話がマジメなのかゲームなのかってところから始まった。自分はマジメなのに、パパが問答ゴッコをして遊んでいるんだったら傷つくよね。どうだろう、その会話がゲームになるかならないかは、当人がその会話についてどう考えたり感じたりするか次第ということにならないかな？

娘　そうなの。パパがどう考えているかを聞きたかったのよ。だって、それがあたしと違ってたら、いやだもの。

父　二人ともゲームだと思っているなら問題はないわけだね？

娘　そうよ。

父　じゃあ、そのゲームについての考えを明らかにするのはパパの自由ってことになりそうだ。おまえと話す事柄について、パパが本気だっていうことは間違いない。話す内容は「考え《アイディア》」だ。ところが「考え」というものを理解したり、うまくはめ込んだりするには、いろいろプレイしてみないといけない。子供の積木遊びだって、そうだろ？　積木をやってるときの子供は、すごく本気だ、たいていの場合。

娘　ふーん、マジメでもプレイなのか……。パパはどうなの？　マジメに話していても、やっぱりあたしとプレイしてるの？

父　ただし、おまえと対戦してるわけじゃない。むしろパパとおまえが一組になって積木と対戦してる、というかな。つまり「アイディア」とね。もちろんときどきは、おまえと競争になる。誰が次に積木を積み上げられるかって。相手の積み上げ方が悪いといって、文句を言うこともあるだろう。文句を言われりゃ反論もするさ。しかしそうやって結局は、何か立派な建物が出来るように、二人で協力しあってるわけだ。思考のコマがうまく組み上がるようにね。

＊

娘　パパとあたしの会話にも、ルールがあるのかしら？　ゲームとただの遊びの違いは、ゲームにはルールがあるということでしょう？

父　うん、難しい問題だ。そうだな、パパはあると思う。積木遊びにもルールがあると思う。積木自体にルールが組み込まれている。バランスのとれる積み方と、崩れる積み方が、最初から決まってるんだから、本当は崩れてしまうはずのものを、接着剤でくっつけて「できた！」と言ったら、ルール違反だろ？

娘　あたしたちのは、どんなルールなのかしら。

父　同じさ。思考のコマ自体にルールが組み込まれているんだ。どのコマとどのコマが、お互いを支えあうか、どういう順番でのせていくとうまく思考が組み上がるか、それには決まりがある。間違ったやり方でのっけてしまうと、建物全体が崩れてしまうよ。

娘　接着剤でくっつけるのはだめね。

父　だめだ。使っていいのはロジックだけ。論理だけだ。

＊

娘　でもパパ、言わなかった？　ずっと論理的にばかり話していて混乱のなかに入っていかなければ、新しいことは何も言うことができないんでしょう？　前から誰かが言ってたことしか……。あれ、何て言うんだったっけ。

父　クリシェか？　クリシェは接着剤でくっついている。

娘　えっ？　論理しか使っちゃいけないって言わなかった？

父　さっきは、そう言ったな。接着剤はだめだって。ほら、またゴチャゴチャになってきた。今度はしかし、パパにも抜け出し方が分からん。

＊

娘　どこからどう、分からなくなったんだっけ？

父　よし、じゃあ、話の順番をもう一度追ってみるか。この会話にもルールがあるかという話をしていたんだったな。そしてパパが、思考のゲームにはロジックというルールがあると言った。

娘　ねえ、パパ。ルールがもう少したくさんあって、それを全部きちんと守って考えていったらいいのよね。そうだったら、こんなにゴチャゴチャにならずにすむでしょ。

父　ちょっと待った。それって、まだルールとして出来ていないルールにパパが違反して、混乱をもたらしたってことになるな。会話が筋道を外れるのを防ぐルールがあって、それを守っていけばいいってことに。

娘　うん。だって、ゲームのルールって、そういうものでしょう?

父　しかし、この会話が、そういう種類のゲームになってしまっていいのかね。そういうゲームをしたいときは、パパはトランプでカナスタでもするな。

娘　カナスタはいつでもできるわ。今はこっちのゲームの方がいい。でもこれ、一体どんなゲームなのか、どんなルールがあるのか分からない。

父　それでいながら、ちゃんとプレイできている。

娘　そうなの。おまけに楽しい。

父　パパもさ。

＊

父　おまえがした質問で、今日答えを出すのは無理だと言ったのがあったな。ほら、印刷屋の話のところで、クリシェの棒をバラすときも、全部マゼコゼにしたらだめで、やっぱりある秩序が必要になる、そうじゃないと頭がおかしくなるという話をした。そのあとで、おまえがたずねた。「思考が混乱しても、頭がおかしくならずにいるには、どんな秩序にすがったらいいのか。」この「秩序」こそが、二人の問答ゲームの〝ルール〟だということになると思うんだよ。

娘　違反すると、話がゴチャゴチャになるのね？

父　ある面ではそうだ。ただし、このゲームは、一度崩さないとダメというゲームなんだな。一度考えを混乱させてって、その混乱への入り口とは別の出口を通って抜け出る。そこにゲームのポイントがあるんだ。この混乱がないと、トランプやチェスのようなゲームになってしまう。そうなったんじゃ、これはゲームとして何の面白みもなくなってしまうんだ。

娘　ゲームのルールをパパが作るの？　だったら、フェアじゃないわ。

父　それはきみ、問題発言だな。それこそファウル・プレイだ。だが、いいだろう。そういうことにしよう。ルールを作るのはパパだ。二人とも頭がおかしくなってしまわないように、パパがルールを作る。

娘　そしてときどき、パパはルールを変えるのよね？

父　またファウル・プレイか。そうだよ。いつだって変えるときは変える。全部じゃない、一部だがね。

娘　ルールを変えるときは、前もって言ってちょうだいね！

父　そうはいかないのさ。チェスやトランプみたいなゲームだったら、ルールについて説明したり、プレイをやめてルールを変える相談をすることも自由にできる。新しく決めたルールで新しいゲームを始めるのも思いのままだ。しかし、トランプ・ゲームの外側にはどんなルールがあるんだろう。ルールを決めるときのルールはどうなっているんだろう。

娘　……？

父　いいか。肝腎なところだぞ。パパとおまえの問答の目的は、その「ルール」を発見することにあるんだ。それが「生きる」ことなんだとパパは思う。生きることの目的は、「生きるゲーム」のルールを発見することにある。いつも変わってしまって、決して捉えることのできないルールをね。

娘　そういうのもゲームって言うの？

父　パパはそういうのもゲームって呼ぶんだ。少なくとも「プレイ」という言葉は使うね。ただし、チェスやトランプのようなゲームとは、全然違う。むしろ、子イヌや子ネコがやっていることに近いのかな。本当のところは分からんよ。

*

娘　子イヌや子ネコが遊びをするのは、どうして？

父　知らん、パパは知らん。

――このメタローグ［原題 "About Games and Being Serious"］の初出は *ETC.: A Review of General Semantics* (Vol. X, 1953).

知識の量を測ること

娘　パパって、どのくらい知ってるの？

父　どのくらい知ってるかって？　そう、一ポンドくらいかな。

娘　それ、お金の一ポンド？　重さの一ポンド？　あたしはマジメに聞いてるの。パパの知識はどのくらいあるの？

父　脳ミソの重さが二ポンドとして、そのうち四分の一を使ってるとして――四分の一の効率で使ってるというか。そう、半ポンドくらいかな。

娘　もう！　ジョニーのお父さんより多く知ってるの？　あたしより多く知ってるの？

父　パパの知ってるイギリス人の子がね、お父さんに聞いたんだとさ。親と子では必ず親の方が多くのことを知ってるのかって。お父さんが「そうだ」と答えると、その子は「蒸気機関を発明したのは誰？」と聞いた。お父さんが「ジェイムズ・ワット」と答えると、その子は言ったね——「ヘンだな、どうしてジェイムズ・ワットのお父さんが発明しなかったのかな」って。

*

娘　あたし知ってるわ。その子より、あたしの方がたくさん知ってるわね。ジェイムズ・ワットのお父さんが発明できなかったのはなぜかっていうと、誰かが蒸気機関を作る前に、別の人が他のことを——何なのかは知らないけど——考え出しておかなくちゃならなかったから、でしょう？　オイルが発見されていなかったら、誰もエンジンは作れないし。

父　たしかにそうだ。つまり、知識というのは互いに織り合わさっている。布みたいに。一つの知識は、他の知識に織り込まれてはじめて意味を持つんだ。

娘　じゃあ、ヤードで測ればいいと思う？

父　そうはいかん。

娘　布はヤードで測るんでしょ？

父　知識は布じゃない。布のようではあるが、平らじゃないし。三次元……いや、四次元かな。

娘　それ、どういう意味？

父　分からんよ。どう考えたらいいのかと思ってさ。

今朝の会話は、あまりうまくいってないな。別な入り方をしてみよう。問題は、一つひとつの知識がどんな具合に織り合わさっているかということだね。お互いをどう支え合っているのか。

娘　教えて。

父　一つのことと、もう一つのことを合わせたときに、二つのことにしかならないときもあるが、それが足し算のようにではなく、掛け算みたいに組み合わさって、四つのことになるときもある。

娘　1と1を掛けると4？　パパの掛け算、おかしい。

父　そうかな。

＊

父　いや、4でいいんだ。掛け合わせるものが、いくつかの知識とか事実とか、そういうものであるときは、1掛ける1が4になる。というのは、一つが二重の何かになっているからだ。

娘　二重の、何か……？

父　少なくとも二重の、何かだ。

娘　もう！

父　それじゃ全然分からんか。そう……「二十の扉」「クイズ番組」を考えてごらん。おまえが心のなかで思うものを、パパが質問しながら当てていくわけだね。「あした」というのが答えだとするよ。パパは最初に「それは抽象的なものですか？」と聞く。おまえは「イエス」と答えるね。その答えで、パパには二重の情報が手に入る。抽象的なものであって、具象的なものではない、その二つがいっぺんに分かるわけだよ。こう言ってもいい——おまえの「イエス」で、答えになるかもしれないものの数が半分に絞られる。それは、2分の1を掛ける掛け算だろう？

娘　割り算じゃなくて？

父　割り算といえば割り算だが、2分の1を掛けると言っても同じだよ。肝腎なのは、それが足し算や引き算にならないということだ。

娘　どうしてならないって分かるの？

父　どうしてかって？　ふむ、二つめの質問をしたとするよ。今度は「抽象的なもの」のまとまりから、候補が半分に絞られることになる。次にまた質問すれば、答えを含んでいるまとまりの大きさは、はじめの8分の1になる。2掛ける2掛ける2で、8。

娘　2たす2たす2だと、6か。

父　その通り。

娘　でもそのことと「二十の扉」のゲームと、どう結びついてくるの？

父　つまりだね、もし質問が完璧に進んでいったとすると、二十の質問をすることで、2を20回掛け合わせた数のもののなかから一つの答えを選びとることができるんだ。2を20回掛け合わせれば、これは100万以上だよ。そんなに多くのもののなかから答えを当てることができるんだ。一つの質問で、二つのうちから答えが選べる。二つの質問で、四つのうちから答えが選べる。——知識の世界は掛け算で進んでいくのさ。

娘　あたし、算数きらいなの。

父　たしかにな。計算問題を解くのは退屈だ。でも、算数の考え方のなかには、面白いものがあるんだぞ。知識を測るのだって、算数の問題さ。量を測る、ということをやりだすと、必ず算数が始まる。

娘　まだ全然測ってないんだけど。

父　それは知ってる。しかし、知識を測ろうとするときどんなやり方をするかが、少しだけ分かってきただろう？　それは、知識についての知識が少々ついてきたというのと同じだ。

娘　それ面白い、知識についての知識っていうの。そっちの知識も、同じやり方で測れるのかしら。

父　おっと、それはパパにも分からん。今のは、おまえ、最高難度の問題だよ。なぜかって——その前に「二十の扉」の話に戻るが、あのゲームは質問をする順番が肝腎なんだ。必ず広くて一般的な質問が先にきて、細かな質問はあとにくる。大きな質問の答えを知って、それではじめて、次に何を聞いたらいいか分かるわけだしね。それなのに、はじめの質問とあとの質問を同じ一問に数えていいのか。分からない。でもおまえの質問——知識についての知識とただの知識とを、同じやり方で測れるか——の答えは、明らかにノウだ。はじめの方で聞く質問は、あとでどんな質問をしたらいいか知るための質問なんだから、それは、一種の「知ることについての知識」だろう。つまり「二十の扉」というのは、知り方の知り方を競うゲームなのさ。

娘　ねえ、今まで知識の量を測った人っているの？

父　毎日どこかでやってるよ。学校でやってるテストがそうだろう。でもああいう測定で出てきた数字が何を意味するのか、パパには分からんね。あれは要するに、石を投げて紙の大きさを知ろうっていうやり方だ。

娘　……？

父　つまり、二枚の紙を、同じ距離のところに吊しておいて、同じ数だけ石を投げるとする。そうすると、石が多く当たった紙の方がたぶん大きいという想像がつくわけだ。学校のテストも、それと同じさ。生徒に向かって質問を投げる。その質問が生徒の知っていることに当たる数が多ければ、その生徒は他の生徒よりたくさん知っているということになる。

娘　でも、そのやり方で、紙の大きさが分かるの？

父　ところが、分かるんだよ。実はこれ、かなり信頼できる測り方でね。ふだん気がつかないけれども、こういう測り方をしてることって結構多いんだ。たとえばコーヒーの濃さを知るには、色を見るね？　黒ければ黒いほど濃いって。それは、光がどれだけ遮られるかで濃さを見てることになる。石の代わりに光の波を投げるわけで、考え方として同じなのさ。

娘　ふーん。

＊

娘　だったら、その測り方で知識を測ってもいいんじゃない？

父　テストでか？　そうはいかん。とんでもない話だ。さっき、知識のなかにはいろいろ違った種類があるって言ったろう？　知識についての知識というのもあるんだって。そういう肝腎かなめのポイントを、ペーパーテストはまったく無視して点数を出してるじゃないか。大きい問題というか広い問題ができた生徒と、小さい細かな問題ができた生徒とに、同じように点をつけていいのかな。種類の違う問題には種類の違う点数を与えないといけないんじゃないかな。

娘 そしてそのいろんな種類の点数を最後に足していけばいいのね。

父 い、い、い、足したらだめさ。掛けるとか割るとかなら、意味があるかもしれんが、足すのは絶対だめだ。

娘 どうして？

父 どうしてって、足せないんだよ。分からないか？——ふむ。これじゃ算数も嫌いになるだろ。そういう一番大事なところを教わってないいんだったら。学校じゃ何教えてるんだ？ 何が算数だと思ってるんだろう。

娘 それ教えて。何が算数かって。

父 いや、そのまえに、知識の測り方の問題だ。——算数っていうのはだね、一点の曇りもなく考えを進めていくために作り上げた一種のトリックなんだ。算数のうりはそこにある。すべてがスキッといくこと。それをだね、違った種類のものをゴッチャにしてしまったら、何のための算数か分からなくなってしまう。スキッと物事を考えるために何よりも大事なのは、違った種類のものはきちんと区別するということだ。いいかい、「オレンジ二つ」と「二マイル」とでは、同じ「2」でも違うだろう？　頭のなかで「2」という観念が出来るところは同じだが、その種類が違うんだ。種類の違うものは足せないよ。オレンジ二個と二マイルを足して出来るのは、頭のなかのモヤモヤだけだ。

娘　でもパパ、頭のなかで考えることって、つながってしまうでしょう？　いつも別々にしとかなくてはいけないの？

父　いや、一緒にするときは、組み合わせる。足してはだめだということだよ。頭のなかに違った種類の数があって、それを組み合わせるときには、掛けるか割るかするんだ。そうすると、全然別の観念が出来る。新しい種類の量がね。たとえば「何マイル」という観念と「何時間」という観念を組み合わせたければ、マイルを時間で割ってみる。そうすると「一時間に何マイル」となるね。これはスピードの観念だ。

娘　掛けたらどうなるかしら？

父　どうだろう。「マイル時」というのになるわけだが……。ん、パパ知ってるぞ、それ。タクシーの料金は、「マイル時」で払うんだ。タクシーのメーターには時計も一緒に組み込まれていて、距離と時間が掛け合わされるようになっている。それにまたある数を掛けて、「何ドル」という金額にするわけだ。

娘　あたし、まえに、面白い実験やったわ。

父　ほう。

娘　一度に二つのことが考えられるかどうかやってみたの。「今は夏だ」っていうのと、「今は冬だ」っていうのとを一緒に思ってみたのよね。

父　そしたら？

娘　でもね、それ、二つのことを考えることじゃなくて、「二つのことを考える」っていう一つのことを考えることだったの。それが分かったんだ。

父　そう、そこだよ。二つの考えは混ざりはしない、組み合わさるしかない。ミックスじゃなく、コンバインするんだ。ということは結局、「考え」というものを、いくつあるとか数えることはできないということじゃないかな。だって、数えるって、足していくことだからね。足してもだめなんだ、ほとんどの場合。

娘　ふーん。組み合わさっていくのか。じゃあ、パパ、ほんとうは大きな考えが一つだけあって、それがいっぱい枝みたいに分かれてるのかしら。とってもとっても細かいところまで……。

父　パパはそう思っている。事実は分からんが、そう考えた方がスキッといくことは確かだ。知識がいくつあるとか言って数えてみるよりは、ずっとクリアな考え方だと思うね。

*

娘　パパ、脳の四分の一しか使ってないって言ったけど、どうしてなの？　あとの四分の三は？

父　実はパパもね、むかし学校に行って勉強したんだが、そのおかげで脳の四分の一がモヤモヤに曇ってしまった。それから新聞を読んだり、ほかの人の話を聞いたりしてるうちに、また四分の一曇ってしまった。

娘　あとの四分の一は？

父　あとの四分の一は、自分でいろいろ考えているうちに曇ってしまったんだろう。

――このメタローグ〔原題 "How Much Do You Know?"〕の初出は *ETC.: A Review of General Semantics* (Vol. X, 1953).

輪郭はなぜあるのか

娘　パパ、輪郭はどうしてあるの？

父　輪郭？　輪郭って、あるのかね。どんなものに輪郭があるんだ？

娘　絵を描くとき、どんなものでも輪郭を描くでしょう？　それ、なぜなのかなって……。

父　ヒツジの群れはどうだ？　一頭のヒツジじゃなくて群れ全体。それにも輪郭があるか？　「会話」はどうだ？

娘　もう！　会話の形なんて絵に描けないでしょ？　「もの」よ、あたしの言ってるのは。

父　いや、おまえの言ってる意味を確かめようと思ってね。「ものを描くときには、どうして輪郭を描くことになるのか」という意味なのか、それとも、描く描かないに関係なく、ものには輪郭があるという意味なのか。

娘　……どっちなのかしら。分からない。教えて？

父　うん、パパにも分からん。——むかしね、すごいカンシャク持ちの画家がいた。あらゆるものの絵を描きなぐった画家なんだが、死んでからある人が彼の本をめくってると、あるページに「賢人 wise men は輪郭を見るがゆえに輪郭を描くのである」と書いてあった。ところが、別のところをめくると、今度は「狂人 mad men は輪郭を見るがゆえに輪郭を描くのである」と書いてあったんだ。

娘　どっちなの？　その人が本当に思ってたのは。

父　その画家の名前はウィリアム・ブレイクというんだが、彼は偉大な芸術家であり、そしてすごいカンシャクの持ち主だった。ときどき自分の考えを紙つぶてにして、人に投げつけたりした。

娘　何のことでそんなにマッドだったの？

父　マッド？　ああ怒ってる《アングリー》という意味か。ブレイクの話をするなら mad の二つの意味を分けておかないとな。なにしろ当時の人からは正気じゃないと思われてたんだ。そしてそう思われることでまた彼は怒り狂った。いや、彼はいろんなことに我慢がならなくてね、その一つが、ものに輪郭がないかのように絵を描く描き方だ。そういう絵を描く連中のことは「ボケ画派」と言ってバカにしたんだよ。

娘 変な呼び方。あまり寛容な人じゃなかったのね。

父 寛容? そんな言葉どこで覚えた? 学校じゃそういうことを教えるのか。寛容でいるのがいいことだとも思っていなかった。ブレイクは寛容な人間じゃなかった。寛容でいるのがいいことだとも思っていなかった。それは、一種の「ボケ」だと思ってたんだ。輪郭をぼやけさせ、全部いっしょくたのゴチャマゼにしてしまうことだと思ってたんだ。どんなネコも全部灰色にしてしまうんだと。世界がくっきりクリアに見えないようにしてしまうんだと。

娘 はい、パパ。

父 「はい、パパ」? 何ていう返事だ。返事になっとらんじゃないか。自分の意見は何もありません、パパが何を言おうとブレイクが何を言おうと、そんなこと関係ありません、そういう意味にしかならんぞ、それは。「寛容」なんてことを学校で教えるからいかんのだ。だからみんな頭がボケちまって、大事な区別が何もつかんようになってしまうんだ。

娘 (泣き出す)

父 ゴメン。悪かったよ、いきなり怒ったりして。おまえに怒ったわけじゃないんだ。

いつまでたってもきちんと物事を考えようとしない人間というものに腹が立っただけなんだ。「寛容」なんてことを言って、物事はいい加減にしておくのが美徳であるかのように教えるやり方にね。

娘　でも、パパ——

父　何だね？

娘　ううん、分かんなくなっちゃった。ちゃんと考えられないの。みんなゴチャゴチャになっちゃって。

父　パパのせいだ。カンシャクなんか起こして、おまえの頭をすっかり混乱させてしまったんだね。

＊

娘　パパ？

父　何だ？

娘　あのこと、どうしてそんなに人を怒らせるの？

父　あのことって？

娘　その——ものに輪郭があるかどうかっていうこと。ブレイクって人は、そのことで怒ったんでしょう？　パパだってよ。どうして？

父　ふむ、それは、いい加減にしておけない問題だからだろう。たぶんそれこそが、本質的な問題であって、他の重要な問題というのは、みんなそれとの絡みにおいて、重要になってくるんじゃないだろうか。

娘　パパの話、分かんないわ。

父　そうだな。じゃあ、「寛容」の話をしよう。ユダヤ人のことを、「キリスト殺し！」とののしる人には、パパは寛容にはなれない。なぜなら、その人は頭のなかがボケてて、輪郭がきちんと引けないからだ。キリストを殺したのはユダヤ人じゃないよ。イタリア人だ。

娘　イタリア人が？

父　そうさ、ただし、彼らのことを、今は「ローマ人」と呼ぶ。彼らの子孫には、「イタリア人」という別な呼び名を使うわけだ。いいか。ユダヤ人のことを、キリストを殺したと責める人間は、頭のピントが二重にボケてる。まず、事実じゃないことを事実みたいに言うのは、歴史をぼやけさせることだ。それとだね、先祖がしたことの責任を子孫が取れというような言い方は、やっぱりどこかボケてるだろうが。

娘　はい、パパ。

父　いいだろう。今度は怒るまい。パパの言ってるのは、そんなふうに物事をゴチャマぜにするのは避けないといけないということさ。

娘　パパ？

父　何だ。

娘　まえに、ゴチャマゼの話、したでしょう？　今もまた同じ話をしてるのかしら。

父　そうだよ。もちろんさ。このあいだやった話が重要なのも、今の話とつながっているからだ。

娘　あのとき、パパ、物事をくっきりさせるのが科学だって言ったのよね。

父　そうだ。その話を、今してるんだよ。

＊

娘　パパの言うことって、うまく理解できないの。別のことだと思っていたら、同じになってしまうんだもの。迷子になっちゃう。

父　実際難しい話をしているからね。ポイントは、この会話にも本当は輪郭があるっていうところなんだ。はっきりカタチにして見るわけにはいかないんだがね。

＊

父　徹底的に混乱した世界というのはどんなだか、考えてみよう。何から何までゴッチャゴチャの世界。そこから何か糸口がつかめるかもしれない。『不思議の国のアリス』

に、おかしなクロッケーのゲームが出てくるね。

娘 うん、フラミンゴでやるのでしょう?

父 そう、それだ。

娘 ボールはヤマアラシなのよね。

父 ハリネズミだよ。イギリスにヤマアラシはいない。

娘 えっ、あれイギリスのお話だったの。知らなかった。

父 イギリスに決まってるじゃないか。アメリカにダッチェス[公爵夫人]がいるかね。

娘 「ダッチェス・オヴ・ウィンザー」って、いるじゃない。[エドワード八世と結婚したシンプソン夫人のこと。]

父 しかし、そのダッチェスにトゲトゲはないだろう。ハリネズミについてるみたいな立派なやつは。

娘 ナンセンスなこと言うのやめて、アリスの話を続けてちょうだい。

父 えーと、フラミンゴか。あのアリスの話の作者はね、パパとおまえが今考えているのと同じ問題を考えていたのさ。何もかも徹底的に混乱させていったらどうなるか想像して、それをアリスの物語に書き込んだわけだ。木槌の代わりにフラミンゴにすれば、どんなふうに球に当たるか全然予測がつかない。勝手に首が曲がってしまうんだから、うまく当たってくれるかどうかも分からない……

娘　それに、球が勝手に歩いてっちゃうかもしれない。ハリネズミだから。

父　そう。次にどういうことになるんだか、誰にも全然見当がつかないわけだ。

娘　そして、球を通す輪も歩いてっちゃうの。兵隊がやってるから。

父　そう。全部が動く。そして、どう動くのか、動くまで分からない。

娘　ねえ、パパ、みんな生きていないといけないのかしら。そうでないと、あんなにメチャメチャにはならないわよね。

父　いや、生きていないものでも――。待てよ。そうだよ。おまえの言う通りだ。いや、これは面白い。生き物を使わないと、まったくの予測不能な世界というのは作れないんだな。ほかのやり方じゃ、いつかはプレイヤーに対処の仕方を覚えられてしまう。グラウンドをデコボコにしても、いびつな球を使っても、木槌のヘッドをグラグラにしておいても、ゲームは難しくなりはしても、不可能にはならない。ところが生き物を持ち込むと、とたんにゲームが成立しなくなる。いや、これはパパも気がつかなかった。

娘　ほんと？　あたしには、自然なことみたいに思えるけど。

父　自然か。そりゃ、自然の事だが、しかしパパは、今までそういうふうには考えてみなかった。

娘　そう？　あたしはふつうにそう思うけど。

父　しかし、パパには思いもよらなかった。いいかい。先のことを予測して動くことができるというのが動物の際立った特徴なんだ。ネコがネズミに跳びかかるときには、着地の瞬間にネズミがどこまで走っているか予測を立てて、それに合わせてジャンプの仕方を調節する。そういう特別なことが動物にはできるんだ。そして、だからこそ、逆に動物の動きが、この世でただ一つ本当に予測できないものになる……。人間の法律というのも、妙なものだな。人間の動きに規則を押し当てて、予測できるようにしようっていうんだから。

娘　予測ができないから法律を作るんじゃない？　法律を作る人は、予測できるようにしたいのよ。

父　だろうね。

＊

娘　今の話は、何についての話だったの？

父　何についての話かな。パパにもまだくっきりとは見えてきてないんだ。クロッケーのゲームを完全に混乱させるには、生き物ばかり使えばいいとおまえが言ったところから、新しい考えの道筋が開けて、そこを探っていってるんだが、まだ疑問がつかまらないんだよ。どこかこう、おかしいんだな。

娘　どこが？

父　うん、そこがまだぼやけてるんだ。生き物と生きていない物とを区切る仕切りがね。動物と機械とは折り合いが悪いだろ？　うまくフィットしない。みんな自動車で動いてるところに、ウマで入っていったら、交通がガタガタになってしまう。それもフラミンゴでクロッケーやるのと結局同じことになるんだな。ポイントはウマの動きが予測できないところにある。

娘　人間はどうなの？　人間だって生き物でしょう？　うまくはまりこめるのかしら。車のなかに。

父　本当はうまくはまっていないのさ。一生懸命努力して、いろいろ予防線を張って、それで何とかやってる。自分の動きが予測可能になるように必死でがんばってるわけだ。そうじゃないと機械が怒って襲ってくるから。

娘　機械が怒ったら、それ、予測できない機械にならない？　パパと同じになっちゃう。パパっていつ怒るか分からないもの。パパにだって分からないんでしょ？

父　そうだな。

娘　でも、予測できなくっていいわ、パパは。ときどきは、そういう方がいい。

＊

娘　会話にも輪郭があるって言ったでしょう？　あれ、どういうことなの？　この会話にも輪郭があるの？

父　あるともさ。ただ、終わらないうちは見えない。輪郭というのは、内側から見えないもんなんだ。だって見えてしまったら、どうなる？　二人でこれから何の話をするのかまで、みんな決まっていたとしたら。それじゃ、おまえもパパも、二人を一緒に合わせたものも、予測可能な生き物になってしまうよ。機械と一緒だ。

娘　パパの言うこと、分かんないわ。物事はいつもくっきり見えるようにしておかなくちゃいけないって、言ったばかりなのに。輪郭をぼやかす人がいると怒るんでしょう？　なのに今は、予測がつかない方に、機械みたいじゃない方に、味方してるみたい。それとね、会話が終わらないと輪郭が見えないっていうのなら、話す人の頭がクリアかどうかなんて、どうでもいいじゃない。だって会話に向かって何かするわけにいかないんでしょ？

父　そうさ、何もすることはできない。でも、何かし、た、い、と思うのか？　この会話に。

――このメタローグ[原題 "Why Do Things Have Outlines?"]の初出は *ETC.: A Review of General Semantics* (Vol. XI, 1953).

なぜ白鳥に?

娘　なぜ白鳥に?
父　ペトルーシュカの人形はどうだ?　あれは、どこが人形なんだ?
娘　でも人形って、最初から人間みたいでしょう?　ペトルーシュカなんか、すごく人間らしいわ。
父　一緒に出てくる人間たちより人間らしい?
娘　うん。
父　しかしそうはいっても、やっぱり人間のようなもの、、、、sort of human でしかない。あの白鳥もやっぱり人間に似たものでしかない。
娘　うん。

＊

娘　じゃあ、踊り手はどうなのかしら？　それは人間には違いないけど……でも、舞台で踊ってるときは、人間じゃないように見えて……。踊ってないときのあの人とは違う、なにか人間を超えてしまったみたいな……。

父　つまり、こういうことだな。――あの〝白鳥〟は、水かきもないし、ただ白鳥のようなもの、にすぎない。そして、あのバレリーナも、人間としての個性がなくて、ただ人間のようなもの、にすぎない。どうだ？

娘　どうなのかしら――そうなのかも。

＊

父　いや、演じている「白鳥」と「踊り手」を最初から別々のものとして考えては混乱してしまう。舞台の上で踊ってるものが、白鳥のようであると同時に人間のようである、と考えた方がいい。

娘　でも、「白鳥のよう」というときと「人間のよう」というときで、言葉の意味が違ってないかしら。同じ「よう」でも。

父　うん、違うようだね。とにかく、あの白鳥が人間のようだ sort of といっても、それは「人間という種族 sort に入る」という意味ではない。

娘　それはそうだわ。

父　むしろ、「人形のペトルーシュカ」と「バレエの白鳥」と「人間」とを全部一緒に包む大きなグループの中の、一つの下位グループに入る、ということだ。

娘　「種」とか「属」とか、そういうのとは違う気がするんだけど。パパの言うその大きなグループに、ガチョウは入るの？

＊

父　いいだろう。「舞台の上で一種の白鳥が踊っている」というときの「一種の」が、正確にどういう意味なのかは、パパには分かっていない。だけど分かっていることもあって、それは、「一種の」という言葉によって結ばれている関係――「なぞらえ」の関係というかな――それが詩やファンタジーやバレエやアートの全体が持っている意味や重要さに関わっているんだ。

娘　じゃあ、踊り手がなぜ白鳥になったり人形になったりするかは絶対分からないのね。誰かが「一種の」ということの意味を解きあかすまで、芸術とか詩とかがどういうものかも、言うことができないのね。

父　そういうことかな。

＊

父　言葉遊びもけっこう有用でね、フランス語に *espèce de* という表現がある。「一種の」sort of という意味なんだが、フランス語のこの「一種」には、特別なパンチがあってね。誰かのことを「あいつはラクダだ」とフランス語で言うと、これは親しみのこもった悪口になるんだが、「あいつは一種のラクダだ」と言うと、ただの悪口にしかならない。「一種の一種だ」と言うと、もっとひどい悪口になる。

娘　一種の一種の何？

父　ただの「一種の一種」。そういう言い方をするんだ。ところがだね、「あいつは本物のラクダだ」と言ったときには、軽蔑や冷やかしのなかに、「それはそれで、えらいもんだよ」と感心する気持ちが入り込んでくる。

娘　でも、フランス人が誰かのことを「一種のラクダ」と言うのと、あたしが白鳥のことを「一種の人間」と言うのとでは、同じ「一種」でも、違うんじゃないかしら。

＊

父　パパはいま『マクベス』の一節を思い出していた。バンクォウを殺すために殺し屋をさしむけるところなんだが、その殺し屋が、自分たちは「男」だと言う。するとマクベスは、「一種の男」だと言い直すんだな。

さよう、帳面上で分類すれば男のうち。

猟犬《ハウンド》もグレイハウンドも雑種犬《モングレル》もスパニエルも、
野良犬もむく犬もぼろ犬《ウォーターラグ》も狼犬も、
帳面づらではみな犬のうちだからな。（第三幕・第一場）

娘　それって、さっきパパが言ったことと同じでしょ？「大きなグループのなかの一つの下位グループ」？　そういう「分類」みたいなのとはぜんぜん違うと思うんだけど。

父　いや、パパが言いたいのは別のことさ。マクベスが喩えにイヌを持ってきたところが重要なんだな。イヌには、高貴なものもいれば、ゴロツキの野犬もいる。それがネコだとそうはいかない。あそこで、三毛ネコとか、ペルシャネコとかの種類を並べても、同じようにはいかないわけだよ。野生のバラの細かい種類を言ってみてもね。

娘　それはいいの。あたしの質問はどうなの？　フランス人が誰かのことを「一種の」ラクダと言うときと、あたしが白鳥のことを「一種の」人間と言うときとで、「一種の」という言葉の意味は、同じなの？

＊

父　分かった。「一種の」という言葉の意味を一つ例文を使って分析してみよう――

「ペトルーシュカの人形は、一種の人間である」とパパが言うとき、パパは関係について述べている。いいね？

娘　何と何との関係？

父　観念 idea 同士の関係だろう。

娘　人形と人間の関係じゃなくて？

父　そうじゃない。人形についてパパが抱いている何らかの観念と、人間についてパパが抱いている何らかの観念との関係だ。

娘　ふーん。

＊

娘　それはどんな関係なの？

父　パパにも分からん。比喩的な関係とか、「なぞらえ」の関係とか言うんだろうか。

＊

父　それとともに、「絶対になぞらえられはしない」と激しく主張される関係がある。パンとワインは肉と血の一種では**ない**、と主張したために大勢の人間が処刑されたこともあるんだ。

娘　それ、同じなの？　つまり……『白鳥の湖』のバレエも、聖体 sacrament なわけ？

父　そうだ。パパはそう思う。少なくとも、ある人たちにとっては聖体だろうね。プロテスタントの言い方にならえば、その人たちにとって、白鳥のコスチュームやバレリーナの動きは、女性の「内的で霊的な恩寵《グレイス》の、外的で可視的なあらわれ」［プロテスタントによるサクラメントの公的定義］になるだろう。しかし、カトリックの人にとっては違う。そういう言い方をしたのでは、バレエに神聖さはこもらない。ただの比喩表現になり下がってしまう。

娘　ある人たちにとってバレエが聖体になるっていうのは、プロテスタントの人にとって？

父　そうじゃない。パパが言うのは、パンとワインが比喩表現にしか——ただの肉と血のようなものにしか——ならない人たちと、カトリックのように神聖なものになる人たちがいるとすれば、バレエだって、それを比喩と捉える人と、「比喩などではない、もっと神聖な何かだ」というふうにこだわる人とがいるだろう、ということだ。

娘　カトリックの人たちが言う意味で？　比喩《メタファー》ではなく聖体《サクラメント》だと。

父　そうだよ。

＊

父　つまりだね、もし「そのパンとワインは肉と血の〝ようなもの〟ではない」ということの厳密な意味を、きちんと言うことができたとしたら、「その白鳥は人間の〝ようだ〟」ということの意味も、「そのバレエは聖体《サクラメント》だ」ということの意味も、もっときちんと言えるようになるだろうということだよ。

娘　でも……どうやって区別するの？

父　何をだね？

娘　サクラメントとメタファー。

＊

父　待て待て。今パパとおまえは、結局のところ、詩人とかバレリーナとか、それを見ている観衆とか、要するに「人間」のことを話題にしているんじゃないかな？　サクラメントとメタファーがどう違うかという問題だって、答えは実際その場にいる人間を離れては出てこないんだ。あるバレリーナがある公演で踊ったバレエが、彼女にとって、サクラメントになるかどうか——そういうふうに問いを立てなくちゃいけない。

娘　いいわ。その質問に答えて。

父　答えはね、秘密なんだ。

娘　教えてくれないのね。

父　いや、パパが隠してるんじゃなく、隠されているんだ。口では言えない種類の答えなのさ。

娘　どうして言えないの？

父　楽屋でバレリーナをつかまえて、「あなたの踊るバレエは、あなたにとって聖体なんですか、それともただの喩えなんですか？」と聞いてごらん。そんなことを聞いても、相手はキョトンとするだけだろうが、まあ、質問の意味が通じたとするよ。彼女はたぶんこう言って質問をはぐらかすだろう。「ご覧になったのはあなたですもの、あなたにとって聖体なのかどうか、あなたがお決めになったら？」あるいは「聖体になるときも、ならないときもあります」とか、「昨晩のあたくし、どうでした？」とか。踊る当人が、直接制御できる問題じゃないんだな。

＊

娘　その、パパの言う秘密ね。それを知ったら、その人、すごいバレリーナになれるかしら。

父　そうじゃない。そういうことには全然ならない。偉大な芸術も、宗教も、みんなこの秘密に関わってくるんだが、その秘密を知った──意識で捉えた──として、それで偉大な作品が作れたり、宗教的感動にひたれたりするわけではない。知ったからといって、制御する力は手に入らない。

＊

娘　ねえ、どこから変わっちゃったのかしら。最初に話してたのは、「一種の」白鳥とか白鳥の「ようだ」とかいう言葉の意味のことだったでしょう？　そこから、「よう」には二つの意味があって、舞台で踊っている〝白鳥の人〟が「白鳥のよう」というときの「よう」と、「人間のよう」というときの「よう」とでは意味が違うというところまではいったのよね。それが、いつのまにか謎めいた秘密と制御の話になっている。

父　分かった、最初から言い直そう。――あの白鳥は、本物の白鳥ではなくて、誰かが「なりすました」白鳥だね。ところがその、白鳥になりすましている人は「もとからの」人間だ。ウソッコの白鳥であるとともに、白いドレスを着たホントの女の人でもある。そしてホントの白鳥は、どこか若くて優雅な女の人のようである――

娘　今言った中のどれがサクラメント？

父　まだだめかな。どれかがサクラメントになるなんてことはないんだよ。一つじゃダメだ。全部がうまく結びついて聖なるものができる。「なりすまし」と「なりすまさない」のと「ホントは」と。それらが、どうにかして溶けあって一つの意味になる。――そうとしかパパには言えない。

娘　ウソとホントを混ぜたりしていいの？

父　論理学者や科学者はだめだと言うだろうね。でも彼らのやり方で、バレエが作れるわけじゃない。神聖なものもさ。

——このメタローグ［原題 "Why a Swan?"］の初出は *Impulse* (1954). ［『インパルス』誌はサンフランシスコを拠点に、コンテンポラリーダンスの年刊誌として西海岸の文化に影響力を持ったリトル・マガジン。一九七〇年廃刊。］

本能とは何か

娘　パパ、本能って、何なのかしら？

父　本能とは、一つの説明原理さ。

娘　何を説明するもの？

父　何もかもだ。説明してもらいたいことなら何でも説明してくれる。

娘　うそでしょう？　重力は説明してくれないわ。

父　それはだね、誰も〝本能〟で重力を説明したくないからだ。その気にさえなれば、立派に説明してしまうよ。「月は、距離の2乗に反比例する力で、物体を引きつける本能がある」とね。

娘　そんなのナンセンスじゃない。

父　そうさ、だが〝本能〟なんてこと言い出したのはおまえだぞ。パパじゃない。

娘 いいわ。でも、じゃあ、パパ、重力は何で説明したらいいの？

父 重力を説明するものか。それはね、ないんだ。なぜなら重力が一つの説明原理だからだよ。

娘 ふーん。

娘 説明原理は説明できないの？　別の説明原理を使ったらだめ？

父 ふむ。……まあ、だめということだな。ニュートンの *hypotheses non fingo* という言葉は、そのことを言っている。

娘 どういう意味なの？

父 *hypotheses*［仮説］というのは、分かるね？　英語と同じだ。出来事を記述する文章を二つ並べて、それをどのようにでもつなげると、仮説になる。「二月一日は満月だった」「三月一日は満月だった」——この二つの記述をつなげる発言は、全部仮説だよ。

娘 うん。えっと、*non* は知ってる。*fingo* って？

父 *fingo* というのは後期のラテン語で I make という意味だ。それの名詞のはたらきをする形が *fictio* で、fiction という英語はそこからきている。

娘　ニュートンは、仮説というのはみんなフィクションだって考えたわけ？　ただの作り話だって。

父　その通り。

娘　でもニュートンは重力を発見したんでしょう？　リンゴが落ちるのを見て。

父　そうじゃない。重力を発明したんだ。作ったのさ。

娘　ふーん。……じゃあ、本能を発明した人もいるのね。だれ？

父　知らんな。起源は聖書だろうか。

娘　重力という考えも、記述と記述とをつなげるものでしょう？　それだって仮説じゃないかしら。

父　そうさ。

娘　じゃあ、ニュートンも仮説を作ったことになるじゃない。

父　その通り。とても偉大な科学者だったんだ、ニュートンという人は。

娘　ふーん。

娘　説明原理は仮説とは違うものなの？

父　そんなには違わない。ただ、仮説というのは一つひとつの出来事を説明するためのものだが、〝本能〟とか〝重力〟とかいう説明原理は、本当のところは何も説明しないんだ。ある点から先はもう説明しようとするのはやめましょう、という科学者同士の取り決めというかな、それが説明原理だよ。

娘　ああ、ニュートンの言ったのはそういう意味だったの。〝重力〟が何も説明しなくて、ただ説明の終わりにつける印みたいなものだったら、重力を作っても仮説を作ったことにはならない――

父　そうだな。説明原理を説明するものはないんだ。ブラックボックスみたいなものだよ。

娘　ふーん。

娘　ブラックボックスって？

父　〝ブラックボックス〟というのはだね、ある点から先を説明しないですますための科学者同士の取り決めのことさ。ふつうは一時的な取り決めを言うがね。

娘　全然〝黒い箱《ブラックボックス》〟みたいじゃない。

父　だが、そう言うんだ。そのものらしく聞こえない名前というのも、世の中にはずいぶんある。

娘　うん。

父　もともとはエンジニアの言葉でね。複雑な機械の設計図を描くときに、一種の速記というかな、細かいところまでいちいち描くのは面倒だから、箱を一つ描いて、そのなかのいろいろな部分が全体として「何をするか」ということのラベルを、その箱に貼っておいたわけだ。

娘　〝ブラックボックス〟っていうのは、じゃあ、細かなことが集まって全体として何をするかということのラベルなのね。

父　そう。「どんなしくみでそういうはたらきが現れるのか」ということの説明ではない。

娘　じゃあ、重力っていうのも……

父　中がどうなっているのか分からない箱の、全体としてのはたらきを示すラベルだ。「どういうしくみで、そういうはたらきが現れるのか」ということの説明じゃない。

娘　ふーん。

娘　本能も？

父　それも、あるブラックボックスに貼りつけたラベルだな。それが「何をするか」ということのね。

娘　何をするの？

父　難問だな、これは。

娘　ねえ。

父　本能は生命体の行動をコントロールする、部分的にコントロールする、と考えられている。

娘　植物にも本能はあるのかしら。

父　いや、植物の話をしているときに本能を持ち出したとしたら、その人は植物の世界を動物のイメージで汚染したことになる。

娘　それ、悪いことなの？

父　ああ、すごくね。植物学者が植物を動物のように見立てるのは、動物学者が動物を人間のように見立てるのと同じくらい悪いことだ。

娘　それは悪いことね。

娘　行動を「部分的にコントロールする」って、どういうこと？

父　イヌが崖から落ちるとするね。そのとき落下という運動を支配しているのは重力ということになる。しかし、落ちながらイヌが体をくねらせるとすれば、そちらの動きの方は本能の支配を受けているということになる。

娘　自己保存本能？

父　だろうね。

娘　パパ、自己って、なに？　イヌも、自己があるってこと知ってるの？

父　さあ、どうだろう。でも、もしイヌが自己というものを意識していて、その自己を保存するために体をくねらせるんだったら、それは合理的な行動になるな。本能的なものじゃなく。

娘　じゃあ、〝自己保存本能〟って、矛盾してるじゃない。

父　まあ、半分だけ、動物を人間に見立ててることになる。

娘　だったら、それ、悪いことよ。半分だけ。

父　しかし、イヌが自己というものを意識していながら、その自己を守らなくちゃいけないとは意識していないのだったら、今度は体をくねらせないで落ちていく方が合理的だろう。それでも体をくねらせるんだったら、それは本能だということになる。ただし学習される行動なら本能ではない。

娘　ふーん。

娘　本能的でないって、どっちが？　学習する行動？　体をくねらす行動？

父　体をくねらす方さ。

娘　学習する方は本能的なのね？

父　そういうことになるね。学習をする能力を学習で身につけなければならないんだったら別だが。

娘　ふーん。

娘　でも、パパ、本能ってどんなことを説明するために作られたの？

父　厄介な質問だな、それは。本能っていう考え方は、遺伝学が知られていなかったころに出来たものだし、遺伝学の考え方だって、その大部分は、コミュニケーション理論が知られていなかった時代のものなんだ。だから、〝本能〟とは何かを、今の科学の言葉で言い直すには、二重の壁を越えないといけない。

娘　それで？

父　細胞の染色体のなかに、遺伝子があるというのは知ってるね。遺伝子というのは、その生物が「なること」すなわち生長 developing と、「なすこと」すなわち行動 behaving を指図する一種のメッセージだ。

娘　「なること」は、「なすこと」のうちではないの？　どう違うの？「身につける」はどっちに入るの？　学習するって、生長すること？　行動すること？

父　待て待て、質問は慎重に作らなくちゃいけない。生長と学習と行動を、まず全部いっしょにバスケットに放り込んでみるといい。そして、生長—学習—行動の全体を、虹のように次第に色が変わっていくスペクトルとして捉えるんだ。そうした上で、このスペクトル全体の説明に、「本能」がどう関わってくるのか考えていく。それが正しい手順だよ。

娘　でもそれ、実際スペクトルなの？

父　いや、スペクトルのようなもの、さ。厳密に言ってるわけじゃない。

娘　ふーん。

娘　でも、「本能」というのは全部、その〝スペクトル〟の「行動」の端に来るんじゃないかしら。それに「学習」って環境で決まるんでしょう？　染色体なんかとは関係なく。

父　まずこのことを押さえておこう。染色体そのものには、行動も学習も体部構成《アナトミー》もない。

娘　染色体って、何かで構成されたものではないの？

父　あ、それは別だ。染色体にも、それ自身の体部構成はあるし、生理機能《フィジオロジー》だってある。だが、遺伝子と染色体の構成と機能は、その動物の体全体の構成と機能とは違うものだね？

娘　それは違うわよ。

父　しかし染色体の構成と機能は、体全体の構成と機能について、のもの、ではある。

娘　構成についての構成？

父　そう。一つの単語だって文字で構成されてるだろう？　その文字や単語をつなげていくと、あらゆることについての文章が生まれていく。それと同じさ。

娘　ふーん。

娘　遺伝子と染色体の体部構成が、体全体の構成についてのもので、遺伝子と染色体の生理機能が、体全体の生理機能についてのものなわけね。

父　それは違うな。そういうことには全然ならない。なぜなら、体部構成と生理機能とは、別々のものじゃないからさ。

娘　分かった。また一つのバスケットに入れるんでしょ？　生長―学習―行動のときみたいに。

父　もちろん。

娘　さっきと同じバスケットに入れるの？

父　そうさ。いけないか？　そのバスケットの真ん中には、「生長」が来るんだ。まんま真ん中にね。

娘　ふーん。

娘　染色体や遺伝子に構成と機能があるんだったら、生長もあるんでしょうね。

父　その理屈は通るな。

娘　その生長は、体全体の生長についての生長なのかしら？

父　その質問の意味すらパパには分からんね。

娘　こういうことにならない？　動物の赤ちゃんが、お腹のなかで生長してるとき、染色体と遺伝子も生長していて、その染色体の生長が赤ちゃんの生長を指令しているの。

そうだとしたら、その染色体の生長は、生長についての生長になるでしょう?

父 いや、そういうふうにはなっていないはずだ。

娘 ふーん。

娘 染色体も学習するのかしら。

父 どうだろう。パパは知らん。

娘 染色体って、なんか、ブラックボックスみたい。

父 そうだね。しかし、もし染色体や遺伝子に学習が可能だとしたら、それはすごく複雑なブラックボックスになる。いま現在、誰が考えているよりも複雑なね。科学者というのはいつも、世界が単純に出来ていると考えたがるんだな。そしてその期待は、決まって裏切られる。

娘 そうよね、パパ。

娘 それ、本能?

父 何がだね?

娘 その、世界が単純に出来ているって思うこと。

父　もちろん違うさ。そう信じるように学習してきたんだ。

娘　そんなことあるのかな。いつも間違うように学習するなんて。

父　そういうことを言っちゃいかん。科学者に失礼だし、そもそも不正確だ。世界が単純に出来ていると考えるたびに、科学者が誤りを犯してるわけじゃない。正しい場合も、部分的ながら正しい場合も、けっこうある。もっと多くの場合、自分で正しいと思い、お互い「正しい」と言い合う。そうであるなら「正しい」と思う気持ちは当然強まっていくだろう。とにかくだね、いつも間違うように学習するということが生物の世界で起こらないと考えたら、それはまったくの誤りだ。

娘　物事を〝本能〟で説明するのも、世界を単純に見ること？

父　そうだよ。

娘　それは誤りなの？

父　さあ。どんな意味で使うかによるだろう。

娘　どういうときに、科学者は〝本能〟という言葉を使うの？

父　そう、その質問の方がベターだ。——まず、動物の行動を見て、それが学習されたものでないことが明らかに思えるとき、そして、その行動の意味を理解できるほど、その動物が利口じゃないということが、自信を持って言えるとき。そういう場合、科学者はその行動を本能的なものだと言う。

娘　それだけ？

父　まだある。同じ状況で、同じ種に属する仲間がみんな同じ行動をとるとき。そして、状況が変わって、その行動に意味がなくなっても、同じ行動を繰り返しやっているとき。

娘　本能的な行動をチェックする四通りの方法があるのね。

父　そうじゃない。科学者が本能ということを言い出す条件が四つあるということさ。

娘　そのうち一つが欠けてたらどうなるの？　本能って、なんだか習慣や慣習のようなものに思える。

父　しかし習慣は、学習で身につけるものだ。

娘　そうね。

娘　習慣を身につけるには、いつも二度習得しなくちゃいけないの？

父　二度？

娘　つまりね、ギターのコードを習うときとか、最初にどことどこを押さえるか習って、それから練習して、そういうふうに指を動かす習慣をつけていくわけでしょう？　それをきちんとやらないと、悪い習慣がついてしまうもの。

父　そう、いつも間違うように学習が行われることもある——

娘　それは、分かったって。——でも、学習が二度あるんでしょう。それで、もしね、ギターを弾く本能があったとしたら、どちらの学習もいらなくなるのかしら。

父　そうだね。どちらの学習も明らかになされていないのに、いきなりギターを弾く生き物がいたとしたら、科学者は本能で説明しようとするかもしれない。

娘　でも片方の学習が欠けていたとしたら？

父　それは、欠けている方を〝本能〟で説明することになるだろうな、論理的に言って。

娘　片方の学習だけないってこと、あるのかな。

父　さあ。それは誰にも分からんことだよ。

娘　ふーん。

鳥が歌うのって、あれは練習するのかしら。

父　ああ、練習する鳥もいるそうだよ。

娘　きっと最初の段階は、教わらなくても本能で知っていて、二番目の段階を練習で身につけていくんだと思うわ。

父　かもしれないね。

娘　本能で練習するってこと、あるかしら？

父　考え方としては可能だと思うがね……。しかし、そうなってくると、〝本能〟って一体何なんだ？

娘　説明原理よ。パパ言ったじゃない。……一つ分からないことがあるんだけど。

父　何だね？

娘　大きな本能が一つあって、それがいろいろにはたらくの？　それともたくさんの本能が別々にあるの？

父　うん、それはいい質問だ。そのことでは科学者もずいぶんと議論してきたんだよ。いろいろな本能を別個に作ったり、それを一まとめにしてみたり。

娘　それで、答えは？

父　正解は出ないが、説明原理は、必要以上に増やしてはいけない、ということは言える。

娘　……？

父　一神教の考え方だよ。小さな神様が二人いるより、大きな神様が一人いる方がいいっていうことだ。

娘　神も説明原理なの？

父　そうだとも。とても大きな説明原理だ。一つのブラックボックスで説明がつくことを、二つのブラックボックスや、二つの本能を使って説明するのはうまくないわけでね。

娘　ブラックボックスが十分大きければいいのね。

父　そういうことでもないが。

娘　本能にも大きなのと、小さなのがあるの？

父　実際そうであるかのような言い方がされている。ただし小さな本能は「本能」という名前は使わずに、別の名前で呼ぶんだ。「反射」とか「生得的解発機構」とか「固定的動作パターン」とか。

娘　分かった。宇宙全体のことは神で説明して、もっと小さなことは、鬼や妖怪のしわざにするの。

父　まあ、そんなとこだ。

娘　でも、パパ、大きな本能を作るとき、どうやってたくさんのことを一つにまとめるの？

父 そうだな、たとえば、崖から落ちるとき体をくねらせる行動と、火を見ると逃げる行動が観察されたとすると、それに別々の本能を充てるんじゃなくて――

娘 両方とも、自己保存本能で説明するのね。

父 そういうことだ。

娘 でも、その二つを一つの本能でまとめてしまうと、イヌにも〝自己〟があって、その〝自己〟を守るように生きていると考えることになってしまうのね。

父 そういうことになるな。

娘 歌う本能と、歌を練習する本能とは、どこに入れたらいいのかしら。

父 その歌が何に使われるのかによるだろう。どちらも縄張り本能に入れられるかもしれないし、生殖本能に入れられるかもしれない。

娘 あたしだったら、一つにまとめたりしないわ。

父 ほう。

娘 だって、もしその鳥が、餌をついばむ練習とかもするとしたらどうなるの？　その分だけ、本能の数を増やさなくちゃいけなくなるわ。本能は、必要以上に増やしちゃいけないんでしょう？

父　よく分からんが……

娘　いい？　餌をついばむ練習は餌取り本能で説明して、歌の練習は縄張り本能で説明するのよりね、両方とも〝練習本能〟で説明する方がいいと思うの。ブラックボックスが一つ少なくてすむでしょう？

父　しかし、それじゃあ「同じ目的を持った」行動を、一つの本能でまとめるという原則が崩れてしまうよ。

娘　そうだと困るの？　分からないな。だって、鳥が目的を持っていて、そのために練習をするんだったら、それは、本能的な練習じゃなくて、合理的なものになってしまうでしょう？　パパ、そんなふうに言わなかった？

父　ああ、確かにそんなふうに言った。

娘　〝本能〟なんて考えずにやってくことはできないのかしら。

父　それで、どうやって説明するんだね？

娘　細かいところだけ見ていくのよ。何かがポンと飛び出てくるとイヌはジャンプするとか、足の下に何もないと体をくねらせるとか……。

父　つまり、神をなくして、小さな妖怪だけにする――

娘　うん。

父　実は、そういう考え方でやっていっている研究者もいるんだ。その方が、このごろは人気が高い。より「客観的」ということらしい。

娘　本当に客観的なの？

父　それはそうだ。

娘　「客観的」ってどういう意味？

父　自分が見ようと決めたものを、しっかり目を凝らして見るということだ。

娘　それは正しいことみたいだけど。でも、何に対して客観的になるかは、どうやって決めるわけ？

父　そうだな。それは、客観的になりやすいかどうかで決める。

娘　見る人が、客観的に見やすいかで？

父　そうだよ。

娘　どうしたら、それが分かるの？

父　実際にやってみて、経験的に知るんだろうな。

娘　じゃあ、主観的に決めるのね？

父　そうさ。経験はすべて主観的なものだ。

娘　でもそれ、ただ主観的っていうんじゃなくて、人間の主観よね。動物の世界をいろいろ分けて、そのうちどれを客観的に調べるのか、人間の主観で決めるわけだから。それ、さっきの「動物を人間のイメージで汚染する罪」にならない？

父　そうだな。しかし彼らは、できるだけ人間的でなくなろうと努力しているんだ。

娘　そうすると、どういうものが外されるの？

父　外される？

娘　主観的な経験から、客観的になりやすいことを知って、そのことについて研究するんでしょ？　そうすると研究されないものが出てくるわ。なかなか客観的になれないもの。

父　そうだな。まず、おまえの言った「練習」practice これは、客観的になりにくいものの一つだ。それから、「遊び」play そして「探究」exploration。両方とも同じ理由で、客観的になりにくい。ネズミの行動を見て、そのネズミが遊んでるのか探究してるのか、本当はどちらなのかを客観的に見極めるのは容易じゃないよ。だから客観的な人間は、そういうことは研究しない。それから、「愛」があるね。もちろん「憎しみ」も。

娘 そうか。いまパパが言ったものって、みんな「本能」を考えたくなるものばかりね。別々の本能を。

父 そうだな。それと、「ユーモア」も忘れてはいけない。

娘 パパ、動物も客観的になる?

父 さあ、たぶん、ならんだろう。主観的にもならんと思うよ。そういうふうに分裂していないんだと思う。

娘 人間は自分のなかの動物的な部分には、客観的になるのが特に難しいって、ほんとう?

父 だろうね。フロイトはそう言っているし、その通りだと思う。なぜだ?

娘 だって、なんだかすごく大変そう……。客観的な研究を専門にしている人たちが、動物の研究をしようとしているんだもの。客観的になれるのは、研究者自身のうちで一番動物的でないところだけなんでしょう? 気の毒だわ。

父　いや、それは論理としては少し弱いぞ。人間のなかの動物的な部分のうち、客観的に対応できる事柄がまったくないと分かったわけじゃないんだから。人間が客観的になれない事柄の集合に、動物の行動の全体が入ることを示すのが先だ。それがまだできていないだろ。

娘　ふーん、そうかも。

娘　人間と動物の、本当に大きな違いって、なに？

父　そうだな――知性、言葉、道具。その種のものだ。

娘　言葉で、道具のこととかを考えるときは、客観的になるのが簡単なのね？

父　そうだよ。その通りだ。

娘　じゃあ、人間のなかに、もう一つ違った生き物がいると思えばいいんだ。言葉や知性から出来ていて、全然違ったやり方でものを見る生き物。「客観的な生き物」。

父　そう。言葉と道具を通過するのが、意識と客観性への王道さ。

娘　でも、その客観的な生き物が、残りの、人間が客観的になりにくい部分を、客観的に見つめるとどうなるのかしら。ただ見つめるだけ？　それともいじってしまうの？

父　それは、いじってしまう。

娘　そうすると、どうなるの？

父　それは、恐ろしい質問だ。

娘　答えて。動物を研究するのなら、避けられない問題でしょう？

父　そうだな。こういう問題は、科学者よりも、詩人や芸術家の方が詳しい。詩を一つ読んでみるから聞いてなさい。

思考が無限を誘惑の蛇《サーペント》に変えた。恵み深きを
むさぼる炎に変えた。そのさまに人は逃げて
夜の森にかくれた。永遠だった森のすべてがそのとき裂けた。
そしてあまたの地の球となって宙を巡り、海のごとく押し寄せて
すべてを呑んだ。跡に肉体の壁が残った。
そこに誘惑者の宮殿が建った、有限の回転の中に
無限を閉ざした姿で。そして人は天使となり、
天は強大な巡る円となり、戴冠した神は冷徹な君主となった。
——ウィリアム・ブレイク「ヨーロッパ——預言」(一七九四)より。傍点は引用者。

娘　ずいぶん恐そうな詩ね。意味はよく分かんないけど。

父　この詩の言葉は、客観的な言葉じゃない。人間が客観的になった結果を書いた言葉だ。つまり、この詩で言われてる〝思考〟が、人間全体・生きることの全体をどう変えてしまったかということが、この詩のテーマになっている。全体の一部だったはずの〝思考〟が、力を広げて他の部分をいじり出す、とね。

娘　それで？

父　何でも細かくスライスしてしまう。

娘　どういうふうに？

父　まず最初に、客観的なものとそうでないものとが、二つにスパッと分かれる。それとともに生き物の、知性と言葉と道具にそって動く側で、「目的」というものが生まれてくる。道具を持つというのは、もう目的を持つことと同じだし。そして目的が出来ると同時に、その目的を邪魔するものも出来る。客観的に生きるものにとって、世界は「助けになる」ものと「邪魔になる」ものとに二分されるんだ。

娘　うん、それは分かるわ。

父　次に、この生き物が、自分のなかに出来た分裂を、人間全体にとっての世界に押し当てるということが起こる。すると、ただ「助けになる」「邪魔になる」というだけだったものが、〈善〉と〈悪〉というふうに捉えられてくる。世界が〈神〉の側と〈悪魔〉の側とに二分されるわけだ。それからあとは、もう分裂する一方さ。知性の仕事は、物事をどんどん区分けして整理していくことだからね。

娘　説明原理を必要以上にどんどん作って？

父　そう。

娘　動物を観察するときも、同じように区分けしていくのね？　そして、知性に乗っ取られたあとの人間みたいにしてしまうの。

父　その通り。非人間的な人間のイメージを押し当てる。

娘　だから、客観的になると、小さな妖怪の研究ばかりやるわけね。もっと大きなことは考えないで。

父　そう。そういうのを、S－R心理学と言う。心のなかを「刺激」stimulus と「反応」response で調べていくやつ。「愛」について客観的になるのは難しいけど、「性」についてなら、客観的になれるわけだよ。

娘　動物を研究するのに、大きな本能を作るのと、S－Rでいくのと、二つやり方があって、どっちもあんまり頼りにならないみたい。どうすればいいのかしら。

父　分からない。

娘　客観性と意識への王道は、言葉と道具だって言ったでしょう？　あとの半分への王道は？

父　フロイトは夢だと言った。

娘　ふーん。

娘　夢って、何？　どんなふうに出来てるの？

父　夢か。夢は、われわれを作る素材の切れ端だ。客観的にはなれない素材の。

娘　……でも、どんなふうに出来てるの？

父　動物の行動を説明してるんじゃなかったかな？　話がずれてきていないか？

娘　そうかしら。ずれてないと思うけど。だって、客観的に考えていったんじゃ、どうしたって動物を人間のイメージで汚染してしまうことになるんでしょう？　それも、人間のなかの、一番動物と遠いところのイメージで。それが間違いなら、別な側を試してみればいいじゃない。だから「夢」なのよ。夢は残りの半分への王道だって、パパ言ったじゃない。

父　パパが言ったんじゃない。フロイトが言ったんだ。少なくとも似たようなことをね。

娘　分かったわ。でも教えて。夢はどうつながっているの？

父　一つの夢と別の夢とが、どう結びついているのか、ということかね？

娘　そうじゃなくて。——人間を作っているものの切れ端が夢なんでしょう？　だから、夢のつくりっていうのかな、夢のなかのつながり方よ。それが分かればと思ったの。動物の行動も似たように出来ているのかもしれないから。

父　分からんね。考える糸口も見つからない。

娘　夢が、反対《あべこべ》の意味になることはある？

父　おいおい、それは昔の民衆の考え方だよ。——いや、夢で未来は占えない。夢には未来も過去も現在もないんだ。時の吹きだまりで宙ぶらりんになっている。

娘　明日のことを心配してると、それが今夜の夢に出てくるって、ない？

父　それはあるさ。過去についての夢もあるし、過去と現在の両方に関わる夢もある。しかし、夢のなかには、それが何についての夢かという表示はないんだよ。夢はただ、そこにあるだけさ。

娘　タイトルページのない物語のようなもの？

父　うん。始めと終わりが切れていて、途中だけ見つかった古文書か手紙のようなものというかな。歴史家は出てきた部分だけを見て、何のことが書いてあるのか、いつの時代に誰が書いたのかを言い当てなくちゃならない。

娘　夢を調べていくにも、そうやって客観的に考えていかないといけないのかしら。

父　そうなんだな。しかし注意して客観的にならなくちゃいけない。言葉と道具で生きている生き物が考え出すことを、夢に押しつけないように。

娘　……?

父　たとえば、夢に時制というものがなくて、時のなかにただ浮かんでいるとしたらね、夢が何かを「予言する」と言うのは、誤った種類の客観性を押しつけることになるだろう? 何か過去について語っていると考えるのも、同じ種類の誤りだ。夢は歴史を語りはしない。

娘　夢はただのプロパガンダ?

父　どういう意味だね。

娘　つまりね、プロパガンダって、ただの喩え話が、よく本当の話みたいに語られるでしょう?

父　そういう意味か。うん。夢はいろんなところで、神話や寓話に似ている。しかし、プロパガンダのように誰かが意識的に書いたものじゃない。夢に「ねらい」はないよ。

娘　夢にはいつも教訓《モラル》があるの?

父　いつもかどうかは知らんが、よくあるようだね。ただし、それが夢のなかで明らかにされることはない。精神分析の医者は、夢のなかにどんな教訓や寓意が込められているか患者に見つけさせるんだが……。本当は、夢の全体が寓意なんだな。

娘　夢の全体が?　どういうこと?

父　パパも分かって言ってるわけじゃない。

娘　それでどうなの?　夢に反対《あべこべ》ってあるの?　夢の教訓が、表向きの意味の反対になることがある?

父　それは、よくあるようだね。「皮肉《アイロニカル》な夢」というやつ。一ひねりしてあるやつだ。一種の帰謬法《きびゅうほう》というのかな、一つの例を出して、それがどんなに馬鹿げているか証明していく。

娘　たとえばどんな夢?

父　パパの友達に、戦闘機のパイロットをやっていた男がいてね。第二次大戦が終わって、心理学を専攻したんだが、博士号を取るときに、口述試験のことが心配で、ほとんどパニック寸前という感じだった。ところが前の晩に、戦闘機に乗っていて撃ち落とされるというひどい夢を見たんだ。そしたら気持ちがすわってね、翌朝彼は悠然と試験に出かけて行ったんだよ。

娘　それ、どうして?

父　戦闘機のパイロットが、大学教授に囲まれたくらいで恐がるのは馬鹿げているからさ。落とされるといっても、本当に撃ち落とされるわけじゃない。

娘　でも、どうしてそうだって分かったの? その夢は、試験に落とされるぞという意味にもなったはずでしょう? 「皮肉《アイロニー》」かどうかは分からないわ。

父　そうだな。分かったわけじゃないんだ。夢に「これは皮肉だ」と表示されてるわけじゃない。ふつうの会話だってそうだろう? 「これは皮肉だけど」と、言葉で言うわけじゃない。

娘　そうなのよね。皮肉のそういうところ、あたし、いつもひどいと思うの。

父　たしかに、皮肉はしばしば辛辣だ。

娘　動物の世界にも、皮肉ってあるのかしら?

父　それはないだろう。だがどうだろう、この場合、「皮肉」と言うのは違うんじゃないか、とパパは思うんだ。「皮肉」というのはコトバに含まれるメッセージを分析するときの語だよ。動物はコトバでコミュニケーションをしているわけではないんだから、誤った客観性を押しつけないようにしないといけない。

娘 じゃあ、質問を変えるわ。――動物の世界に「反対《あべこべ》」はある？

父 うん、あるんだね。動物も、実際、対立観念を扱うんだ。人間の場合とはちょっと違うんだが……

娘 どうやって？　どういうときに？

父 そうだな。小さなイヌが大きなイヌに出会ったとき、わざと仰向けになって腹を見せるということがあるだろう？　「どうぞ攻撃して下さい」と言わんばかりに。それが逆の結果を生んで、攻撃がそこでストップするということが起こる。

娘 でも、そのこと、分かってやってるのかしら。

父 小さい方のイヌが本心とは反対の表現をしているんだと、大きい方のイヌは知っているか。そして、小さい方のイヌ自身も、自分のしぐさが逆向きの効果を持つことを知っているか。そういう意味かい？

娘 うん。

父 それは分からない。大きい方のイヌに比べて、小さなイヌの方が少しは知っていそうな気もするがね……。とにかく、イヌをいくら観察しても、それを知るのは無理だろう。相手は、知っているとか知らないとかのシグナルを送れないんだから。

娘　ねえ、パパ、そこのところ夢と似ていない？　夢も「本当の意味は反対です」って言えないんだから。

父　うん、そうかな。

娘　少し分かってきたみたい。夢は反対のことを言うことがある。動物も反対のことを言うことができる。でも、どちらも「これは反対だ」と、はっきりは言えない。

父　ふむ……

娘　動物はどうして闘いをするの？

父　理由はいろいろあるさ。縄張りのため、食餌のため、生殖のため。

娘　なにか本能の話みたい。そういう言い方はやめようってことじゃなかった？

父　だけど、ほかにどういう言い方ができるね。「動物はどうして闘いをするのか」という質問に。

娘　いいわ。じゃあ……動物は「反対《あべこべ》」を扱えるの？

父　その質問なら答えは「イエス」だ。闘いの多くが「仲直り」で終わるだろう？　それに「遊びのケンカ」というのもある。「ケンカじゃないもの」をすることで、友情が確認されたり発見されたりするわけだ。

娘　あたしもそう思ってた。

娘　でも、どうして表示がないのかしら？　ない理由は、夢の場合も、動物の場合も、同じ？

父　さあ、どうだろう。しかし、夢がいつも対立を扱うわけではないよ。

娘　動物だって。

父　それはそうだ。

娘　……パパのしてくれた夢の話だけど、あの夢を見たことと、「戦闘機に乗るのは口述試験を受けるのとは同じでない」と誰かに言われたことは、同じ効果があるのね。

父　そう。ただし夢は、言葉のように言い切ることはしない。自分が戦闘機に乗ってるところは示しても、「ではない」はぼやけたままだ。夢には not がないんだよ。この夢を何かに喩えなさいという指令もしないし、喩えるものを指し示すこともない。

娘　分かった、not からいきましょう。動物の行動に not はあるの？

父　どういうことだね、not があるかって。

娘　つまりね、"I will not bite you"［嚙まない］ということを、行為《アクション》で伝えることはできるの？

父　まずだね、行為によるコミュニケーションには、時制がない。“will not”と言えるのは人間の言葉だけだ。

娘　夢にも時制がないって、パパ、言ったわよね。

父　ふむ。たしかにな。

娘　でも、not のところはどう？　“I am not biting you”とは言えるの？

父　それにもまだ時制があるが、まあいい。動物はだね、噛んでいなければ噛んでいないんだ。それだけのことさ。

娘　でも、他にだって、していないことはたくさんあるでしょう？　寝ることも、食べることも、走ることもしてないかもしれないじゃない。「噛むことはしない」と言うときにはどうするの？

父　それには何かしらの方法で、「噛む」ということを話題に持ち出さなくてはならない。

娘　はじめに牙をむくしぐさをして、それで噛まないとか？

父　そういうことだ。

娘　でもそれだと二匹の動物が、お互いに「噛まない」って言い合うときは、両方が牙をむくことになるでしょう？

父　そうだな。

娘　だったら、誤解して、ほんとのケンカになってしまわない？

父　そういうこともあるだろうね。対立観念を扱いながら、そのことについて言えないとしたら、誤解は防げないさ。当の本人が自分のやっていることを認識できていないんだったら、なおさらだ。

娘　牙をむいた動物は、「噛まない」ことを相手に伝えようとしているって、自分で分かるんじゃないかしら……

父　それは疑わしいな。ともかく、相手がどういうつもりでいるかということは、分かりようがない。夢だって、はじめから夢の結末を知ることはできないだろ。

娘　一種の実験ね。とにかくやってみるの。

父　そうだね。

娘　やるべきことがケンカだったかどうか知るために、ケンカに入り込んでみるの。

父　ただし、それを知ることが目的でケンカをするわけではない。ケンカしてみてはじめて、自分たちのあるべき関係が現れる、後からね。そこに「ねらい」はないよ。

娘　じゃあ、動物たちが牙をむいている、そのときにはまだ not は出てきていないのね。

父　いないと思うね。少なくとも、そういう場合が多いだろう。親しい友達同士なら、最初から「これは遊びだ」と知ったうえで取っくみ合いを始めることもあるかもしれんがね。

娘　ずいぶん分かってきたみたい。動物の行動に not はない。なぜなら not は、人間の言葉に含まれるものだから。そして not がないから、否定を伝え合うには、帰謬法っていうの？――否定されることを実演してみなくちゃならない。ケンカする関係でないことを証明するのに、実際ケンカをしてみるとか、相手が自分を食べないことを証明するのに、食べられる体勢に入ってみるとか……

父　うん。

娘　そういうやり方って、動物が考え出したものなのかしら。

父　そうじゃない。そのようにしかなりえないんだ。そのようにしかなりえないことは、そのようにしかなりえないと知っていようと知っていまいと、そのようにしかなりえない。これを「必然の真実」という。三個のリンゴに二個のリンゴを加えれば五個のリンゴになるというのは、数えることのできないものにとっても真実なんだ。こういうのも、ちゃんとした説明なんだよ。

娘　ふーん。

娘　でも、夢はなぜ not を含まないの？

父　きっと、同じような理由なんだろう。夢は大体がイメージと感覚で出来ている。イメージとか感覚とかで物事を伝えようとしてごらん。やっぱり not がないという問題に出くわすはずだ。

娘　……でも「止まれ」STOP の標識に斜線を引いたのは夢に出てこられるわ。それは「止まるな」の意味になると思うけど。

父　そうだな。しかし、そういうのはもう半分コトバになっている。それにその斜線は、not じゃなくて don't だよ。don't ならコトバなしに、身ぶりだけで表すことができる。こちらがしてほしくない行動を相手がした、ちょうどそのときにならね。それから、言葉で夢を見るというのも、あることはあるんだ。そういう夢のなかには not が入っていることもあるだろう。ただし、見ている夢自体にかかる not というかな——つまり、夢の内容を否定するような、この夢を文字通り解釈するなというような——そういう not を夢に見ることはできないと思う。眠りが非常に浅いときは、これは夢だと知って夢を見ることも、たまにあるがね。

娘　それで？　夢のなかのつくりはどうなっているの？　その質問に答えてないでしょう。

父　もう答えたような気もするがね。もう一度やってみよう。夢は隠喩である。または隠喩が絡み合ったものである。隠喩というのは、知ってるね？

娘　「あなたは豚のようだ」が直喩で、「あなたは豚だ」が隠喩。

父　ほぼ正解だ。隠喩に「これは隠喩だ」という表示がつくと、それは直喩になる。

娘　夢にはそういう表示がないのね？

父　その通り。何に喩えているかは示さずに喩える。Aについて言えることを、Aの名前を出さずに、Bに当てはめる。「国が腐敗する」と言うだろ？　その国に起こった変化を、バクテリアが引き起こす果物の変化に喩えているわけなんだが、隠喩ではバクテリアのことも果物のことも、表には出てこない。

娘　夢も同じ？

父　逆なんだ。夢は果物の方を見せておいて——バクテリアまで見せるかも知れないが——国は出さない。夢は関係を取り上げてそれを練っていくんだが、その関係が何との関係なのかということは取り上げないんだ。

娘　パパがあたしに夢を作ってくれることはできるのかしら？

父　今言った作り方でか？　それは無理だ。そうだ、さっき詩を読んだから、あれを夢にしてみよう。あの詩は、ほとんどあのままで、夢の材料に使えそうだ。言葉をイメージに替えていくだけでいい。詩の言葉は生きているから、それも難しくなさそうだ。問題は――一連の隠喩がみんな言葉で留められてしまってるところだな。夢の隠喩はそうじゃない。

娘　どういうこと？

父　最初に「思考」という言葉があるね。あれは隠喩じゃない。文字通りの言葉だ。その一語があるために、残りの部分で何のことが言われているのかが決まってしまっている。宙を舞っていたものが、ピンで留められたようになっている。

娘　夢は違うのね。

父　夢にするには、その最初の言葉も隠喩に変えないといけない。そうすると、詩の意味を捕まえるのが、ずっと大変になってくるだろう。

娘　やってみて。

父　「バルバラが無限を誘惑の蛇《サーペント》に変えた……」というのは、どうだ？

娘　バルバラ？　誰なの、その人。

父　残忍 barbarous な女の人。それと、三段論法を学ぶときに、一番最初に出てくるタイプをバルバラというんだ。「思考」を怪物に見立てたシンボルとしてはいいと思ったんだが。ほら、見えてくるだろう？　バルバラが、カリパスかなんかで自分の脳を測定しながら宇宙を変えていく……

娘　やめて。

父　はいはい。でも夢の中では隠喩がピンで留まっていないことの意味が分かっただろ。

娘　動物はどうなのかしら？　隠喩をピンで留めるの？

父　その必要がないんだ。雄の鳥が雌の鳥に近づいていくのに、赤ん坊の鳥のしぐさをまねたとしよう。子供と親の関係を隠喩に使っているわけだ。しかし、誰と誰の関係を親子関係になぞらえているか言う必要はない。自分と相手の鳥に決まってるんだから。伝えるテーマは、いつも自分たちの関係のことなのさ。

娘　他のものを、隠喩でなぞらえることはしないの？　絶対に？

父　少なくとも、哺乳類はそういうことはしないし、鳥類もしないと思う。ミツバチは、ひょっとすると、やっているかもしれない。人間はもちろんやるね。

娘 一つ分からないことがあるんだけど……

父 なんだ？

娘 動物の行動が夢とずいぶん似通ってるのは、分かったの。どちらも「反対」を扱うし、時制がないし、not がないし、隠喩で伝えるものだし、その隠喩は宙を舞っている。分からないのはね……動物がそういうふうに生きていくというのは、ちゃんと理屈にかなっているでしょう？「反対」を伝えるのも、隠喩が何を指しているか決めなくていいのも。でも、夢の方は、どうしてそうなってるの？ 理由があるの？

父 理由はパパにも分からんさ。

娘 それとね？ 遺伝子と染色体が、生長のメッセージを運ぶ話をしたでしょ。遺伝子や染色体も、動物や夢がするみたいに隠喩で、not は使わずにメッセージを伝えるの？ それとも人間が話すみたいにして伝えるの？

父 さあ、どうだろう。それは分からんが、しかし、〈本能〉に当たるものが、そこでメッセージに組み込まれたりしていないということは、間違いないな。

——このメタローグ［原題 "What Is an Instinct?"］の初出は Thomas A. Sebeok, ed. *Approaches to Animal Communication* (Mouton & Co., 1969).

第二篇　人類学研究における形式とパターン

文化接触と分裂生成

米国社会科学研究評議会（ＳＳＲＣ）の専門委員会が学術誌『マン』（一九三五）に掲載した意見書《メモランダム》（論文番号一六二）を拝読した。[*1] この問題について筆者はかなり異なる見解を持つものであり、この機会にそれを発表させていただきたいと思う。本論は、批判のかたちで始まるけれども、筆者の真意は委員会の批判にあるのではないことをまずもって明確にしておきたい。文化接触の研究にとって、真剣なカテゴリーづくりの試みが大きな重要性を持つということは疑うべくもないだろう。加えて、意見書の内容には、「定義」の部分を含めて、筆者の理解が十分に及ばない部分も少なからずあるので、その批判としてこれを提示することには、ためらいが伴う。われわれ人類学者が陥りがちな誤り一般に対する批判として、以下の論をお読みいただければ幸いである。

1　カテゴリー体系の用途　一般に、体系的な理論を組むときには、それを使ってどんな具体的問題を解明しようとするのかを明確にしておくことが求められるが、筆者の見るかぎり、委員会の作成したカテゴリーは、明瞭な輪郭を持つ問題に照らしてつくられてはいない。それを使って考えるべき現実の問題が曖昧なまま、「異文化受容」一般についての抽象論が展開されているように思えるのだ。

2　つまり、すべての問題を一度に照らすようなカテゴリーのセットを求めるのでなく、むしろ個々の問題に即した調査研究を可能にするかたちで問題を図式化して把握することが、まず必要だということになる。

3　委員会は、処理すべき問題の所在を明確にしていないけれども、出てきたカテゴリーを注意深く眺めるなら、彼らが、調査結果から何を知ろうとしているか、問いかけの凡そのところが、見えてこないではない。率直に言って委員会は、よく役人が人類学者から聞き出そうとする種類の問いに影響されていないだろうか。「他の文化と接触する際に、強制力を行使するのは良策かどうか」「ある民族にある文化特性を受容させるにはどうしたらよいか」……。彼らが異文化受容の現象をどう切りとっているかを見てみると、接触する文化間にどんな差異があるのか、そして、その差異によってどんな変化が生じるのかという点に力点が置かれている。これはなぜなのか。また、「一方の民族に強制的に植えつけられる要素」と「自発的に受容される要素」という区分が作られているが、この二分法にも、「政策的」観点から問題を見ようとする姿勢がうかがえる。(1)「受容」「適応」「反応」というカテゴリーの設定(範疇VのA、B、C)についても、同様である。

4　いま挙げた行政上の問題に対して答えることが強く求められていて、その答えが文化接触の研究から出てくる可能性が十分にあるとしても、真っ当な科学のためには真っ当な問いの提示が必要であり、既にその段階で行政的な問いかけには居場所がなくなってしまうのだ。〝犯罪学〟criminologyという名の奇妙な科学は、このことを裏から証明している。この〝科学〟は人間を「犯罪者」と「非犯罪者」に二分するところからスタートした。そして「犯罪者タイプ」の定義でつまずいてしまって、長年の間進歩していないのである。

5　意見書は、文化の特性を「経済的」「宗教的」などの項目に分類可能とする誤りに基づいて、われわれに対し、(a)経済的利益と政治的支配の面から、(b)供与する側《ドナー・グループ》の価値観への順応をもたらす好ましさの観点から、(c)倫理的・宗教的な配慮の面から、の三つに文化の特性を類別するよう求めている。個々の文化特性が単一の(または一つの主要な)機能を持つとするこの考えに立ってしまえば、次の考えに陥るのは避けがたい。すなわち、文化というものは、いくつかの「制度」に下位区分でき、それぞれの制度を織りなす特性群はその主要な機能においてよく似ている、と。文化をこのように分割して捉えるやり方の弱みは、マリノフスキーとその弟子たちが、異論の余地がないほど明快に示したところである。個人の性的欲求の昇華や充足ということにも、行動規範の強化ということにも、あるいは成員への食糧の供給ということにも、文化のほとんど全体がまるごと関わってくるのだ。[2] そのことがあらゆる面にわたって確認されている現在、ある文化特性を、「経済的」とか「宗教的」とか「構造的」とかいう項目に割りふって済ますことはできない。一つの特性が、経済の観点から眺めれば経済的なものに、宗教の観点から眺めれば宗教的なものになることを忘れてはならない。これは文化の共時的な研究に限ったことではない。文化の接触と変化という通時的なプロセス研究にも、同じ考えで臨むことが必要である。どんな文化的特性であっても、それが提供され、受容され、拒絶される現象には、経済的かつ構造的かつ性的かつ宗教的な原因が一度にはたらいていると考えるべきである。

6　言い換えれば、われわれが「宗教的」「経済的」と呼ぶカテゴリーは、研究対象である文化そのものに実在するのでなく、諸々の文化を言葉で記述するためにわれわれが考案した抽象観念にすぎない。それらは文化のなかに現象として存在するのではなくて、われわれ研究者が文化を観察するさまざまな覗き窓につけたラベルなのだ。このような抽象者を操作するとき、何よりも避けたいのは、アルフレッド・N・ホワイトヘッドの言う「具象性の誤認」に陥らないようにすることだろう。マルクス主義の歴史家が、〝経済的な現象〟を語り、それこそが一次的重要性を持つのだと主張するとき、彼らはこの誤謬を犯しているのである。

以上を前置きとして、文化接触の現象をより正当に論じるための枠組《スキーム》を試作していきたい。

7　研究のスコープ　まず「文化接触」の研究が扱うべき現象の大きな広がりについて指摘しておきたい。その研究対象は、異なる文化を持つ二つの共同体が接触して、一方または双方の文化が根底から揺さぶられるような事象に限られない。一つの共同体内で凡その均衡状態をなして共存する異なった人間集団間――男女間、老若間、貴族平民間、氏族間など――の接触も、同じ研究の対象となる。さらに、「接触」の中には、子供たちが自分の生まれた文化に適応すべく訓練されていく過程まで含めることができると筆者は考えているが[3]、本論では、文化的な行動規範の異なる人間集団の間で起こる出来事に限って検討していくことにする。

8　根本から異なる共同体同士が接触した際の大きな混乱は、論理的に見て、次のいずれかの形に収拾する。

(a)異質の集団同士が完全に融合するケース。

(b)一方または双方が消失するケース。

(c)両集団が、一つの大きな共同体の中で、動的な均衡状態を保ちながら存続していくケース。

9 接触の観念を、一つの文化の中で差異化が生まれるという状況にまで拡大して考える目的は、そうすることで、文化の激動期に作用するファクターについて知るのに、安定状態にある文化についての知識が活かせるからだ。これらのファクターが静かにはたらいているとき、それについての知識を得るのは容易だろうが、激しく文化を揺さぶっているときに、そのはたらきを分析するのは不可能である。重力の法則を研究するのに、地震で家が倒れるところを観察するというのは、どう見ても頭のいい方法とは言えないだろう。

10 完全に融合したケース 文化接触による変動プロセスの一つの終点として、完全な文化的統一体が考えられるのだとすれば、まずすべての成員が常に均質の行動パターンを保持している人間集団に目を向けて、そこではたらいているファクターを知ることが必要になる。凡その均衡状態にある共同体ではどこでも、そのような均一状態への接近が観察されそうだ。しかし、残念なことにわれわれヨーロッパ社会は流動が激しく、理想の均一状態はなかなか現れてこない。どんなに原始的な共同体を見ても、既になんらかの差異づけが起こっているのが常である。われわれとしては、大きく差異化した内部での、均質なグループの観察研究によって満足するほかはないようだ。

最初の課題は、均質な集団の内部にどんな特性が認められるかを見定めることである。といっても、われわれが問題にしているのは、現象の分類でなく、一つの現象の諸側面なのであるから、発問を変えないといけない。——状況の全体図を得るためには、特性統合体のどの側面を記述しなくてはならないのか、と。少なくとも次に掲げた五つの側面は、どれを漏らしても十分な理解は得られないのではなかろうか。

(a) **統合の構造的側面**　いかなる個人がどんな状況でとる行動も、他のすべての個人が他のすべての状況でとる行動と、なんらかの意味で、認知可能な整合関係にある。ここで注意が必要なのは、ある文化に内在する論理が別の文化に内在する論理とは根本から違いうることだ。構造的な視点から見るということは、たとえばAがBに飲み物をふるまうという行動を、AとBとを共に含むグループ内部の他の規範的行動と整合的なものとして見るということである。

行動パターンの統合体の持つ構造的側面は、成員個人のパーソナリティにおける認知可能な側面の標準化という問題に置き換えることができる。文化内に生きる人間の思考パターンは、彼らのとる行動が論理的なものとして映る方向に標準化されている、と言える。

(b)**統合の情動的側面**　文化に対して情動の観点からアプローチするというのは、成員の行動がそのすべての細部にわたって、どのような情動的反応を規定づけられているのかを明らかにするということである。つまりここでは、人々の行動の総体が、個人において情動的な充足や不満を生み出す協働的メカニズムとして捉えられる。

文化に備わった情動のメカニズムを見ていく際にも、やはりパーソナリティの情緒的標準化というところへ問題を転換して考えることができるようだ。人間は自分の行動が感情的に矛盾なく進行するよう、文化による調整を受けるだろうから。

(c)**経済面での統合**　ここでは全行動の統合体が、物品の生産分配に向けてのメカニズムとして見られる。

(d)**時間的・空間的な統合**　ここでは個人の標準的行動パターンが「時」と「場所」に従ってどのように秩序づけられているかが検討されることになる。AがBに飲み物をふるまうのは、今が土曜の晩で、そこがブルー・ボア［ロンドンの有名パブ］だからかもしれない。

(e) **社会学的な統合** 行動の目的が、各人の属する〈グループ〉全体の統合を促進したり阻害したりする側面も見逃してはならない。飲み物をふるまう行動を、集団全体の連帯を強化するファクターとして捉えるというふうに。

11 ある民族から一つの均質な集団を選んで、その成員の行動を以上のすべての点から調査することが終わったら、同じ調査をいくつもの集団について行なって、研究対象とする民族全体の諸側面に、均一化の効果がどのように現れているかを見出すことが必要になる。先ほど個々の行動細目は上記の側面すべてと関連を持つと述べたが、どの側面が強調されるかは各民族それぞれだろう。自分たちの行動の「論理的」側面を強調することに傾く民族もいれば、「国家のため」ということを強く意識して行動する民族もいる。

12 均質的な集団の現在ある状態についての知識を得た後に、二つの異なった集団が一つに融合するプロセスの検討が可能になる。そのなかで、融合を促進または遅延させるための方策を知ることや、五つの側面に適合する何らかの特性を(他の変化を起こさずに)付け加えることができるかどうかを予知することまで、可能になるかもしれない。付け加えようとする特性が、当の文化に適合しない場合は、その特性をどう修正するか、または文化自体にいかに適切な修正を施すのかが模索されることになるだろう。

13 一方または双方の集団が消失するケース　このような結末を迎えたケースを研究する価値は少ないだろうが、少なくとも手に入る資料を検討し、接触した相手集団への敵対的行動が、生き残った集団の文化にどのような影響を及ぼしているかを見定める研究は有益だろう。たとえば、相手の集団を〝征服〟した側の文化に、他者排除的行動のパターンが定着し、別な民族と接触した際に、ますますその排除に駆り立てられるようになるケースが見られるかもしれない。

14 集団間が動的均衡を保ちながら存続していくケース　文化接触のプロセスが収まる形を知るには、このケースを調べることが最も有益であるようだ。というのも、動的均衡状態の中で作用しているファクターと、その均衡が喪失し文化が変質していくプロセスの中で作用するファクターとは、同じか類似したものになる可能性が高いからだ。われわれの課題は、まず異なった行動パターンを持つ人間集団間に見られる関係性の数々を洗いだすこと、そしてその上で、それらの関係性がいわゆる「文化接触」の理解にどう役立つのかを考えることである。フィールドに出たことのある文化人類学徒なら誰でも、分化した集団間の関係のあり方について観察する機会を得ているはずだ。

15 集団の分化には、無限の可能性があるわけではない。二つのカテゴリーにはっきりと分けることができる。(a)関係の形式が主として対称的 symmetrical であるケース。

別々の半族［一部族が二分される場合の片割れ］へ、氏族へ、村々へ、(ヨーロッパにおけるような)国々へ分かれる分化がこれにあたる。(b)関係の形式が相互補完的(相補的)complementary である場合。異なった社会階層、階級、カースト、年齢グループへの分化がこれにあたる。文化的な意味での性の分化も、しばしばこのカテゴリーに入る。(4) どちらのタイプも動的な要素を含む。何らかの抑制因子が取り外されれば、分化は分裂へと発展し、両集団間の溝が次第に増大して、関係の破綻ないしは新しい均衡へと移行する。

16　対称型の分化　同じ望みと同じ行動パターンを持つ二つの集団AとBが、その同型の行動をお互い同士に向け合っているケース。Aの成員は、仲間に対してはa・b・cという行動諸パターンを示し、Bに対したときにはx・y・zの行動諸パターンを示す。同様にBの成員も、仲間内ではパターンa・b・cを、Aに対してはパターンx・y・zを示す。こうして両者は、x・y・zに対してx・y・zを返すことが標準的な反応になるような構えで接するようになる。この「構え」には、相互の分化ないし分裂の一方的な進展――これを筆者は「分裂生成」schismogenesis と呼ぶ――に通じる要因を内包している。たとえばパターンx・y・zの中に「自慢」の要素が含まれるとしよう。自慢とは自慢に対する反応なのだとすると、このとき、互いが互いを駆り立てるようにして、ますます強い自慢的な行動を取っていくというプロセスが進行しがちである。そうした「分裂生成」が始まると、何らかの歯止めがはたらかないかぎり、お互いへの敵意が一方的に高まってシステムはいずれ瓦解することにもなりうる。

17 相補型の分化 二つの集団成員の望みと行動が根本的に異なるすべてのケースが、このカテゴリーに入る。集団Aに属するもの同士ではパターンl・m・nの行動を取り、集団Bに対するときはパターンo・p・qで臨む。そのo・p・qに対して集団Bに属するものはu・v・wを示すが、彼らはお互い同士だとパターンr・s・tの行動を取る。つまりここでは、Aの示すo・p・qと、Bの示すu・v・wが、互いに互いを呼び込み合うことになる。このタイプの分化もまた、漸次増進的な進展を起こしうる。たとえばo・p・qという行動連続がその文化において「強圧的」assertive と見なされるものを含み、u・v・wが「服従的」submissive と見なされるパターンを含むとすると、「服従」が「強圧」を促進し、それがまたはね返って「服従」の行動パターンを取ることになりやすい。この型の分裂生成も、抑制がはたらかなければ、双方の集団成員のパーソナリティをそれぞれの方向へ押しやっていき、両者間の緊張を強めて、ついには関係システムを崩壊に導くものである。

18 交換的な関係 集団間の関係性が、対称型と相補型とに大きく二分されることを見たわけだが、現実にはそれほどきれいに分類できるわけではない。もう一つ、相互交換的 reciprocal と呼びうる分化パターンを考えなくてはならない。二つの集団が互いに対してxおよびyという行動パターンを取るとしよう。このとき、xに対してxが、yに対してyが返ってくるというのが対称型の関係だった。交換型ではxに対してyが、yに対してxが返ってくる。それも、Aがxを行いBがyを行う場合と、Bがxを行いAがyを行う場合とがあるために、個別レベルの行動は常に非対称であっても、多数の行動例がまとまったレベルでは対称性が成立する。AがBにサゴ［ヤシからとれる澱粉］を売ることもあれば、BがAにサゴを売ることもあるという関係の形は、交換的と見ることができるだろう。しかしAは常にBに対してサゴを売り、Bは常にAに対して魚を売るという関係のパターンは、筆者の見る限り相補的である。交換的《リシプロカル》なパターンでは、関係の内部で相互の埋め合わせがなされバランスが取られるために、分裂生成に向かわない。

19　調査すべき諸点

(a)対称型の分裂生成に発展しうる行動の型を的確につかむこと。いまの段階で指摘できるのは、自慢と商売における競い合いに限られるが、それらと同じ結果を生む相互作用を調査することで、他にも多くの行動パターンが見つかるだろう。

(b)第二の型の分裂生成に発展しうる相補的な行動の型をつかむこと。いま指摘できるのは、「強圧」対「服従」assertiveness vs. submissivenessと、「見せびらかし」対「誉めそやし」exhibitionism vs. admirationと、「養育」対「虚弱の表現」fostering vs. expression of feeblenessおよび、これらの対のさまざまな組み合わせである。[*2]

(c)先ほど相補型の関係型式を定義したとき、そのような関係をとり結ぶ二つの集団内部で取られる行動パターン[l・m・nとr・s・t]が必然的に相違することを前提とした。この前提を検証しなくてはならない。

(d)二つの型の分裂生成を、先に見た文化の五つの側面(第10項)のそれぞれから体系的に検証していくこと。いまのところわれわれは、情動的視点と構造的視点(10のaとb)から問題を覗いてみたにすぎない。西欧社会における相補的分裂生成の事情を経済的な側面から描いたものとしてマルクス主義の歴史観があるが、そこでは、分裂生成を観察する研究者自身の筆が、テーマに影響されてか、「誇張」に駆り立てられる傾向が見られるようである。

(e)対称型または相補型の特徴が顕著に現れている関係性の中に、交換的な行動がどのようにして起こるかについて調査すること。

20 分裂生成の抑制ファクター しかしわれわれにとって何よりも重要なのは、二つの型の分裂生成に歯止めをかける要因を知ることだ。いまヨーロッパ諸国は、対称型の分裂生成によって抜き差しならぬ緊張状態にある。国内的にも、相補型の分裂生成が進展し、社会の各階層は互いに対する敵意を増大させている。さらに、新しく独裁制に移行した国々でも、独裁者と彼にへつらう取り巻きとの関係性において、独裁者のプライドと強圧的行動が次第に増大するという相補的分裂生成が生まれてきている。

本論の目的は、問題を提起し研究の方向を示すことであって、答えを出すことではないけれども、分裂生成を抑制するファクターにどのようなものがあるか、いまの段階で筆者に言えることを述べておきたいと思う。

(a)純粋に対称的または相補的な関係は、実際上、健康な安定状態では存立しえないのではないか。一見明確に対称型、または相補型に見える関係も、お互いのファクターを混ぜ合わせながら安定を保っているのではないか。関係性を、主だった特徴によってAかBかに分類するのは簡単だが、対称型の関係にごくわずかな相補的行動を混ぜたり、相補型の関係にごくわずかな対称的行動を混ぜるだけで、著しい緊張緩和と関係の安定化が得られるものである。そうした例は、日常のどこにでも見られる。村の領主と村人との間に結ばれる判然とした相補的関係は、領主にとって常に居心地のよいものではないだろう。その領主が、年一回でも村のクリケット大会に出場し、対称的なライバル関係に身を置くだけで、村人との関係は不思議なほど円滑になりうるのだ。

(b) AがBにサゴを売りBがAに魚を売るというようなケースからもうかがえるように、相補的な行動パターンが、相互依存の促進によって、安定的な方向へ動いていくことは確かである。

(c) 真に交換的な関係をつくる要素が、対称的・相補的な要素による分裂生成を事前に食い止め、関係の安定化をもたらす働きをするということも、考えられはする。しかし現実には、これは防御としてあまりに頼りない。対称型の分裂生成の中で、交換的行動パターンがどこまで踏みとどまれるだろうか。現在のヨーロッパの実情を見ても、国家間の対称的なライバル関係が強まっていくなかで、かつては盛んだった交換的交易が最低の線まで落ちてきている。⑤一方、相補的な分裂生成が起こるときも、交換的な行動は容易に吸収されてしまうようである。もともと両集団がともにx・y両方の行動を取っていたとしても、関係の相補性が強まるにつれて、それぞれの集団から片方の行動が抜け落ちていってしまうのだ。つまり一方の行動が一方の集団に偏っていく方向へ、関係システム全体が動いていってしまう。そもそもは交換的にふるまっていたものが、典型的な相補のパターンに陥り、相補型の分裂生成をきたしていくということが起きてしまうのである。

(d)対称型・相補型どちらの分裂生成も、結束の意志または共通の外的要素があるときには、その進展が抑制されることは間違いあるまい。ここで言う「外的要素」とは、象徴的な意味を持つ人物であっても、敵の集団であっても、天候などの非人間的状況であってもいい。激しい雨のもとでは「ライオンも子ヒツジと寝そべる」わけだ。ただ、外的要素が人間または人間集団であるときには、A・B両者とその「よそ者」との間にそれ自体、対称型・相補型の分裂生成が始まる可能性を考慮しなくてはならない。こうした複合的なシステムの分析はぜひとも必要である。たとえば軍隊などの階層の中間層に属する者は、上官に対する場合と部下に対する場合で、敬意とプライド、服従と威張りとの切り替えを行なっている。そのことが、彼らの性格が一方向に固まるのを抑えているとしたら、そのメカニズムの研究は意義あるものだろう。

(e)ヨーロッパの現状に関してなら、もう一つの可能性がある。分裂生成的な関係に据えられた集団の注意を外部に逸《そ》らすという特別な制御法。階級間や国家間の政策を推進する者が、集団間に起こっているプロセスとそれに対する自分たち自身の関与のしくみを把握した上で、問題の解決に当たることは考えられる。ただ現在の文化人類学や社会心理学に、政策に助言を与えるだけの信望がない以上、これは現実にはきわめて起こりにくい。専門的助言を欠いたなかで、政府同士が、周囲の状況に広く目を向けることなく、お互いの反応に対して反応しあうばかりの状況が続いていくのだろう。

21　最後に、黒人・白人間の文化接触の政策的コントロールという問題に目を向けておきたい。まず最初に必要なのは、本稿第8項で概要を描いた最終結果のうち、どれが望ましいのかを決定することだ。この決定は偽善なしに行わなくてはならない。「融合」が望ましいという答えが出た場合、第10項に(研究の問題点として)掲げた一貫性を得るためのあらゆる必要な条件づくりを段階的に行なっていかなくてはならない。何らかの形で動的均衡状態を保つべきだということであれば、分裂生成を起こすファクターが互いに巧くバランスをとりあって相殺されるようなシステムづくりを目指さなくてはならない。しかし問題は非常に複雑だ。本論で組み立ててきた思考の図式には、どのステップをとってみても、適切な訓練を経た研究者が今後取り組んでいかなくてはならない問題がひしめいている。それらに答えていくことは、単に応用社会学に貢献するばかりか、「社会に生きる人間」というものを理解するための基礎そのものへの貢献にもなると筆者は考える。

——本論[原題 "Culture Contact and Schismogenesis"]を含む、この論争全体が一冊の書として再版されている(Paul Bohannan and Fred Plog eds., *Beyond the Frontier:*

Social Process and Cultural Change）。ただこの論争の余波が静まってから時が経過しており、ここに再録する意図は、一論文としての寄与を超えるものではない。一九三五年の『マン』誌（第三十五巻、論文番号一九九）から、英国王立人類学協会の許可を得て、原文のまま転載する。

■――原注

（1）プロセスや自然法則の研究に、「自発」とか「強制」とかいう、自由意志の要素を介在させるのは明らかに科学的でない。

（2）マリノフスキー著『未開人の性生活』『未開社会における犯罪と慣習』、およびA・I・リチャーズ著 *Hunger and Work in a Savage Tribe* 参照。

文化を諸々の〝制度〟に細分化する問題は、ここで指摘するほど単純なものではない。[マリノフスキーを中心とした]ロンドン・スクールも、その業績とは裏腹に、文化に対して何らかの分割を施すことが有効だという姿勢を崩していないように筆者には見える。混乱のおおもとは、当の文化の――おそらくすべての文化の、少なくとも西欧文化の――成員自体が、実際自分たちの文化がそのように分割されていると考えているところにあるのだろう。たしかに文化のふるまいには、そうした分割を助長するものがある。たとえば、(a)一つの共同体のグループ間に、分業制の成立とともに行動規範の差異化が起こること、(b)行動の規範を、時と場所に応じて下位区分するような整序の力を発揮しうること。そうなると、たとえば日曜日の午前十一時半から十二時半までの間に教会でとられる行動が、すべて「宗教的」なものとして括られることにもなりがちだ。しかし文化研究においては、成員の意識いかんにかかわらず、文化特性を制度に従って分割することには慎重でなくてはならない。さまざまな制度が相互に大きく重なり合っている可能性に常に目を向けていなくてはならない。

心理学にも同様の過ちが見られるようだ。それを引き起こす衝動に従って、自己防衛的行動、攻撃的行動、性的行動、所有的行動等のカテゴリーに区分できるとする考え方がそれである。ここでも、混乱の原因は、研究者だけでなく被験者自身がその種のカテゴリーに左右されて行動というものを捉えているところにある。十分に統合された個体にあっては、その行動の一コマ一コマが、それらの抽象カテゴリーのすべてに関与していると考えた方が、心理学自体の発展に通じるように思えるのだが。

(3) 本論で提示するスキームは、人間の心の過程よりも社会的プロセスの研究に向けられたものだが、これと非常によく似たスキームを、精神病理学の研究に向けて作ることも可能であるようだ。その際に「接触」の概念は、とりわけ個人の人格形成というコンテクストで検討されることになるだろう。また分裂生成のプロセスは、〝異常者〟の社会不適応を引き起こした重要な要因としてだけでなく、〝正常者〟を適応者の集団に同化させた要因としても考察されることになるだろう。

(4) マーガレット・ミード著 *Sex and Temperament in Three Primitive Societies* (1935) 参照。

ミード博士の調査したニューギニアの部族のうち、アラペシュ族とムンドゥグモル族では、男女関係が対称型に大きく傾斜しており、チャンブリ族は相補型に傾斜している。同じ地域で筆者が調査したイアトムル族の男女関係は相補型だが、チャンブリ族とでは、相補のテーマが異なる。イアトムル族の文化を、その構造的・情動的・社会学的観点(本論10のａｂおよびｅ)から素描した本を、筆者は現在刊行準備中である。［翌一九三六年に出版される『ナヴェン』には、「三つの観点から得られた合成図から示唆されるニューギニアの一民族の文化の諸問題の考察」という副題がついた。］

(5)　本論の他の例と同様、ここでも検討すべき五つの観点から分裂生成を見ていくことは試みていない。今の問題を、経済的な視点から見るなら、経済不況の影響を欠かすわけにはいかないだろう。現象の五つの側面について一つずつセクションに分けて見ていくのでなければ、研究として不十分である。

■――訳注

＊1　二〇二三年に創立百年を迎えたＳＳＲＣ(Social Science Research Council)は、経済学、歴史学、人類学を含む社会系諸分野の研究の統合的な促進のため、一九二三年ニューヨークを本部に設立された。社会の公益を重視する進歩主義的な立場から、政府ではなく主に民間財団からの基金に頼りつつ、研究支援や政策提言の活動を続ける。『マン』*Man* は、人類学分野の最古の学会である英国王立人類学協会の学術誌で、一九〇一年創刊。

＊2　この三種の相補的関係については、以後の論文でも繰り返し言及されるが、それぞれの関係の両端につけられた名前（assertiveness, admiration 等）は微妙に変わっている。本巻「国民の士気と国民性」の訳注3を参照のこと。

民族の観察データから私は何を考えたか

人類学的な題材について私がどう考えているのか、正直かつ内省的に――パーソナルに――お話しすることを本日は求められていると理解しております。しかし自分自身の思考法について、正直でパーソナルになったのでは、その思考の結果をきわめて非個人的《インパーソナル》に晒してしまうことになる。恥もプライドも捨てて三十分間しゃべり続けることができたとしても、「正直に」というのは難題であります。

そこで、自分の思考習慣がどのようにして身についたか、思考の道具はどこから入手したかということをしゃべらせて下さい。それでなんとか、自分なりの思考の形をお見せできるのではないかと思うわけです。いきおい話は自伝風になりますが、自分の「評伝」をやるとか、勉強した科目を並べるとかいうのではなく、もっと意味のありそうなこととして、思考を動かすモチーフを並べてみせることにしましょう。つまり、さまざまな知の領域における思考のモチーフのなかで、どういうものが私の精神の深みに住みつき、人類学的な題材について考えるときにもその思考の進み方を支配してしまうのか、というお話です。

思考のツール・キットは、私の場合、大かた父ウィリアム・ベイトソンから受け継いだのだと思います。父は遺伝学者でした。学校では、科学的思考の基本原理について考えさせるような教育はほとんどやられていないわけで、その種の知識はおおむね父の話から、それもおそらくは何気ない語り口のようなものから得たのだろうと思います。哲学や数学や論理学について父が具体的に話してくれたことはありません。それらの学問には明白な不信を表明してさえいました。にもかかわらず父は、図らずも、うかつにも、自ら抱え持っていた抽象への指向性を息子に伝えてしまったようです。

とりわけ、父自身は後年否定することになる思考の姿勢《アティテュード》を息子は受け継いでしまった。父のもっとも優れた仕事――と自分でも密かに認めていたようですが――それは動物の対称性、体節分化、体部の反復といったパターンを扱った初期の研究でした。後に方向を転換し、残りの人生をメンデル流の遺伝研究に捧げるようになってからも、パターンとシンメトリーへの一種の渇望のようなものは生き続けていたようです。この渇望とその元にある、ある種の神秘的《ミスティシズム》思考傾向を私は吸収し、良きにつけ悪しきにつけ、それが科学だと考えたのです。

自然現象のあらゆる領域に、同じ種類のプロセスを探っていくことができるのではないかという、漠たるミスティカルな感覚に私は染まったわけです。結晶の構造と社会の構造の両方を同じ法則が支配しているかもしれない、とか、ミミズの体節の形成プロセスは溶岩から玄武岩の柱が形成されていくプロセスと比較できるかもしれない、とか。

今であれば、同じことをこう表現するでしょう。——ある分野での分析に役立つ知的操作が、他の分野でそのまま役立つことがある。〈自然〉の枠組(形相《エイドス》)は分野ごとに違っていても、知の枠組はすべての分野で同じである、と。しかし以前は、そのことをより神秘的な表現において信じたのです。その信仰は、みずからの研究にある種の威厳を与えました。イワシャコの羽のパターンを分析しているときでも、いま自分は自然のパターンと規則性という大問題と向かい合っているのだ、その答えの一かけらを摑もうとしているのだ、と。そればかりか、このミスティシズムは、生物学で学んだこと、物理・化学の基礎コースから拾い上げた思考法を、ずいぶんと異なる観察フィールドでそのまま活用する自由も与えてくれた。過去に受けた知的訓練はどれも、人類学の研究にとって的外れではなく、いつ、役に立つことになるかもしれない、と当時の自分は考えておりました。

私が学び始めた当時の人類学は、アナロジーに頼った「ゆるい」考え方――特に〈有機体〉と〈社会〉とをハーバート・スペンサー流に類比づける姿勢――への反発に彩られていましたが、世界の諸現象は一つのユニティのもとにあるというミスティカルな信念のおかげで、自分は知的労力の無駄遣いを避けることができたようです。生き物と社会とのアナロジーが不健全だと思ったことは一度もありません。疑うよりは信じた方が感情的にも安らかでいられますし。今日では、もちろん、科学研究の風潮も変わってきて、一つの複雑な機能システムの分析に役立った方法が、それに似たどんなシステムの分析にもしばしば役立つのだということが広く了解されています。しかし当時の状況は違っていて、自分の信念を貫くには神秘主義の支えが必要だった。表現の仕方は悪かったにしても、その目的に私の神秘主義が大いに役立ってくれたわけです。

ミスティカルな傾倒が役に立ったもう一点は、今日のお話のポイントに密接に絡んでくるものです。新しい、より厳密な思考法や表現法を見出して自信を強めるとき――つまり、見出した象徴論理に思考を委ね、このやり方で行けばいいのだという「操作主義」に走ってしまうと――新しい思考を行う能力が減退してしまうでしょう。もちろん、形式主義の持つ不毛な厳密性に反発するあまり、勝手な考えを連発するのでは何にもなりません。科学的な思考の前進は、ゆるめられた思考と引き締められた思考の合体によってもたらされるものであり、両者のコンビネーションこそが、科学研究においてもっとも大切な道具であると思うのです。

この二重構造を持った思考習慣を身につける上で、私なりの神秘主義は役に立ちました。「勘」を十分にはたらかせておいて、そこに掛かった獲物に今度はきっちりと形式だった思考をあてる。思考のゆるやかさを保証しておいて、そこから生まれてきたものを、ただちに具象のレベルに引き戻して厳密にチェックする。大事なのは、喩える相手を探すときは乱暴でもいいからできるだけ自由にやること、そして相手が決まってアナロジーを展開する段になったら、借用先の分野で打ち立てられている論法に厳密に従う——この組み合わせだと思います。

具体例に立ってお話を進めていきましょう。ニューギニアのイアトムル族を相手にして、私の思考はどう展開していったのか——。彼らの社会システムを観察してまず顕著に見て取れることは、われわれのと違って「首長」にあたる者がいないということです。これを私は、個人の制御が「上からの」裁可ではなく、同等者による相互の、「横からの」lateral 裁可によって得られている、という「ゆるい」言い方で捉えてみました。そうしておいてデータにあたってみますと、面白いことが見えてきたのです。彼らの社会は氏族や半族等に分かれていますが、各族の内部では一般的に言って、成員を罰する実質的な方策がない。当地で出会った事件に、ある若い年齢グループ［彼らの社会には年齢による細かい区分がある］で、彼ら専用の儀礼用家屋が汚されるというものがありました。そのときグループ内の人間は、犯人に対して怒りは示すけれども、報復的な行動はとれない。制裁として持ち豚を一頭殺すとか、家を没収するとかするのかと思うと、「そんなことはしないよ。一緒にイニシエーションを受けた仲間なんだ」という答えが返ってくる。これが、いくつもの年齢グループが共同で使う建物だったとしたら、すぐに処罰が行われることになります。グループの仲間は犯人をかばうにしても、他のグループの人間が騒ぎ立てるでしょう。(1)

このシステムとわれわれの社会システムとの対照を、もっと見やすい形で見せてくれる例はないか——。思いついたのが、放射形状の動物（クラゲ・イソギンチャク）と、一本線にそって分節している動物（ミミズ・エビ・ヒト）との対照でした。

動物の分節化のメカニズムは、ほとんど解明されてはいないのですが、少なくとも生き物は目で見ることのできるものです。社会の形態形成をこういう具象的な分化（差異化）と比較することで、自分の思考を図解することが可能になります。そして、わずかながらより細やかに語れるようになる。その上、動物における一列分化においては、形態形成のダイナミクスにも研究の手が届いていまして、いくつかの点が知られている。たとえば、すべての節が潜在的に「頭」の節になる能力を秘めているのだけれど、その前に別の節があるとその能力が抑え込まれて「頭」には成長していかないことが分かっています。これは隣接する体節間に、〔前方を後方と差異化する〕非対称の関係ができているということです。そしてこの動的な非対称が、節の形態にも反映され、この種の動物のほとんどは、連続する体節同士が同じにはならない。これを「体節分化」metameric differentiation と言います。エビの肢を思い浮かべると分かりやすいでしょう。甲殻動物の付属肢は、同じ基本構造を踏襲しながらも、前から後ろへ連続的に姿を変えています。

これに対して放射対称の動物では、パイを切り分けたように並んでいる体節の間に、これといった差異は見当たりません。

動物の分節化のしくみについて分かっていることは多くないのですが、今の知識だけでも十分イアトムル族の社会構成に当てはめることができると私は考えました。動物の発生をイメージしたのは、単なる「勘」によるものですが、その「勘」によって、より厳密な思考を進めていくためのシャープな用語と図を得ることができたわけです。氏族間の関係は本当に「対称的」と呼ぶにふさわしいものだろうか、なにか「体節分化の欠如」のようなものが、そこに認められるだろうか——こんな疑問を持って、イアトムル族の観察データを見ていくと、面白いことが見えてきました。氏族間の「対立」や「制御」のあり方を見ていく限り、各氏族の関係は実際「対称的」と言っていい関係にある。そして各氏族の形態は、互いにかなり違ってはいても、そこには［エビの付属肢のような］連続的な変化のパターンは見られない。そのうえ、各氏族の間に互いを模倣し合うという傾向が強く見られるのです。たとえば他の氏族が誇っている歴史（神話）上の出来事を盗みとって、自分たち一族の歴史の中にはめ込んでしまうことを平気でする。つまり彼らのトーテミズム［社会と自然とのアナロジー（神話）に一族を組み込む信仰］は詐欺まがいの代物なのですが、そうした盗み合いによって、民族全体《システム》の構成部分間の差異が減少するしくみになっているわけです。（これとは逆向きの、差異化の方向への動きも、おそらくシステムの中にあるはずですが、この点を論じるのは省略します。）

もう一方の側にも私は類比の思考を進めていきました。上下のヒエラルキー構造を持ったわれわれの社会がミミズやエビに喩えられるとして、ではそこに〝体節〟間の分化が見られるだろうか——。われわれの社会では、ある集団が母体社会から分裂するとき、実際、両者の間に習俗の違いが生まれます。イギリスから新大陸に渡った清教徒たちは、それまでとは違った社会の実現を求めたわけです。ところがイアトムル族では、抗争の結果、片方のグループが分離して新しいコミュニティを形成する場合も、両者の間にモーレス〔集団を律する価値観〕の違いは生まれません。われわれの社会は、別々の教義に従った破門的 heretical 分裂を行い、彼らは教義はそのままでリーダーを変える分家的 schismatic 分裂を行う、と言っていいでしょう。

今のお話で、一点、アナロジーの踏み越えをやってしまったところがあるのに気づかれたでしょうか。一本の軸に沿って体節化する生物が、その軸を切って二つに分かれる場合、あるいは植物に側芽《そくが》が生じる場合、新しく生まれるものは、元と完全に同形になる、つまり分裂前には、後ろの位置にくることで先行者から受けていた制御が外れて、正常で完全な個体となるのです。ですから、ヒエラルキー社会が分裂することで異形の社会ができるとする説は、前後に体節化する生物の実情に合いません。どうして合わないのか、どの点でアナロジーが破綻するのかについて調べる価値は十分あると思います。有機体と人間社会において二者を非対称化するしくみはどうなっているのか、より綿密な知見がそれによって得られそうですし、非対称な関係性に組み込まれたものが、その状況にいかに反応《リアクト》するかという問いも立ち上がってくるでしょう――私自身はまだその分析に踏み込めてはいませんが。

さて、ともかくも氏族間の相互関係を記述する枠組が得られたので、次に、年齢で仕切られた集団間の相互関係の考察にかかりました。年齢に基づくものである以上、そこには連続的な分化が見られるかもしれない。これが最初に得た勘です。イアトムルの社会に、もし一列に並んだ体節との類比関係が見られるとすれば、それは連続する年齢各層間の非対称関係をおいて他にはあるまいと考えたわけです。そして、儀式とイニシエーションの秘儀とを各年齢層にわたって見ていくと、事実そこにはある程度まで、体節間の形態分化のようなものが現れていました。儀式の形態には、同じ基本形を踏襲しながら、システムの最上層ではそれがもっとも十全な形をとり、下位に行くに従って原初的な形になっていくという連続的変化が観察されました。

ところが、彼らの年齢階層システムを、動物の分節性との関わりを頭において見ていくときに、一つきわめて興味深い点が浮き立ってくるのです。各層がまっすぐにではなく、いわば互い違いに積みあがった格好になっている。つまりシステム全体が、三、五、七……という奇数番目のグループと二、四、六……番目からなるグループとに二分されていて、両者の間に一種の張り合いの関係があるのです。それぞれのグループが、自分たちの権利が侵害されたときに相争うかたちで互いを統御しあっている――これはまさに私が「対称的」という用語で括っておいた関係のタイプでした。

われわれが確固としたヒエラルキーの存在を予期するようなところですら、イアトムル族の社会はそれに代わって、一方がもう一方と対称的に向き合う、首長なしのシステムを形成していたということになります。

以上を一応の成果として、今後私の探究は単に「人類学的」とは言えないさまざまな題材に依拠しながら、問題を多角的な視点から検討していくことになるでしょう。とりわけ心理学の見地から、非対称型よりも対称型の関係に収まることを望むような性向を、個人が身につけていくことが可能なのか、もしそうだとしたらその種の性格形成のメカニズムはいかなるものかといった問題が浮かび上がってきます。その話は、しかし、今は余計です。

方法論的なテーマが、すでに十分出てきました。まず別の学問領域を訪ね、第六感によって類比的な理解を得る。そうしておいて、その漠然とした理解を、借入先の厳密に系統づけられた論法によって研ぎ澄ましていく。そうすることで、自分の研究領域での思考が実り豊かなものになっていく。

お気づきかと思いますが、生物学で知られた知見を引き合いに出すとき、私の語りの形式は、純粋な生物学のそれとはいささか違っています。動物学者なら「軸勾配」axial gradients と言うところを、私は「連続する体節間の非対称関係」と言っている。

そしてその「連続する」successiveという語に同時に二つの意味を与えている――動物を扱うときは、現実の三次元空間で展開される実体的な形態関係を指す一方で、人類学的題材を扱うときにはヒエラルキーに付随するある抽象的な関係を指しています。

このアナロジーの形式が奇妙に抽象的なものだ、という指摘は当たっているでしょう。たしかに私は「軸勾配」を「非対称の関係」という言い方で置き換え、「連続」という語に二つの領域に適用できる抽象化された意味を与えています。

これからお話ししていくのは、実はその抽象化の性癖についてであります。何であれ二つの存在の比較に際して、両者の関係を示す抽象観念を作り上げる癖があるのです。昔話を披露しましょう。ケンブリッジ大学の動物学の優等卒業試験《トライポス》を受けたとき、私がどんな抽象化に走ったかという話です。この試験は、各部門から最低一題選択して答えよというもので、日ごろ比較解剖学を時間の浪費と考えてまったく勉強していませんでしたので、その部門は歯が立ちません。問題には「両生類と哺乳類の泌尿生殖器系を比較せよ」というのがありましたが、私には基本の知識が欠けていました。

必要に差し迫られると、人間は発明をするといいます。そのとき私は比較解剖学などというトンマな学問はない方がいいという持論を弁護すべく、相同の理論にウェイトを置いた動物学のあり方を批判する文章を書き出しました。ご存じかと思いますが、動物

本の豆知識

●和文文字の大きさ●

Q数	ポイント
本 80Q	本 56ポ
本 56Q	本 40ポ
本 40Q	本 28ポ
本 28Q	本 20ポ
本 20Q	本 14ポ
本 17Q	本 12ポ
本 14Q	本 10ポ
本 10Q	本 7ポ

1Q(級)＝0.25 ミリ　　1 ポ(ポイント)＝0.3514 ミリ *

*0.3528 ミリの規格を用いる場合もある.

岩波書店
https://www.iwanami.co.jp/

学では器官同士の比較にあたって、ホモロジー(相同)とアナロジー(相似)という二種類の類縁性を用立てるのが通例です。比較する二つの器官が類似した構造を持っていたり、他の器官と類似した構造的関係を結んでいると示すことができるとき、両者は「相同的《ホモロガス》」と見なされます。たとえばゾウの鼻とヒトの鼻および唇とは、他の部位(目など)と同じ形態的関係を持つゆえに「ホモロジー」の関係にある。一方、ゾウの鼻とヒトの手は、「同じように使われる」という理由で「相似的《アナロガス》」な関係にあるとされる。この二本の類縁性を立てて、それらの例をやみくもに収集する、というのが一九二〇年代当時の比較解剖学の姿でした。ちなみに「アナロジー」も「ホモロジー」も、先ほど私が「二つの存在の比較に際して、両者の関係を示す抽象観念」と呼んだものの好例であります。

私の批判法は、それら以外に別種の類縁性がありうることを示し、それを含めて考えると、問題が単なる形態分析だけでは解決できないほど錯綜してくると主張することでした。魚のヒレのうち左右対称についているものは、哺乳動物の左右対称の脚とホモロガスだということになります。では尾ビレはどうなのでしょう。私はこう論じました。――対称の軸面に存在する尾ビレは左右に出ているヒレとはホモロガスでない。せいぜいのところアナロジーを言うしかない。しかしそれでは、一対の対称的な尾ビレを持つ日本産の金魚の場合はどうなるのか。金魚では、尾ビレの異常をもたらす要因が、左右対称についた他のヒレにも同じ異常をもたらす。であるならば、ここには別種の類縁性――成長のプロセスを律する規則の同質性といったもの――があることにならないか。この答案で何点取れたか、それは知りません。かなりの年月を経てから私は、尾ビレの異常をもたらす要因が左右のヒレに与える影響はほとんど皆無だと知りましたが、答案を読まれた先生がこのハッタリを見透かすことができたかどうかは、はなはだ疑問であります。それと、これもあとで知ったことですが、すでに一八五四年にヘッケルが私の「発明」した類縁性を検討し、それを「ホモノミー」〔同規〕と名づけていたのです。この語は私の知るかぎり現在は使われておりません。あの答案を書いたときに、すでに過去の用語になっていました。

しかし私にしてみれば、それは新しい思考であり、それを独力で考え出したものですから、まるで思考の方法を発見したような気がしたわけです。それが一九二六年のこと。以来、ものを考えるときの手掛かりとして――調理法《レシピ》と言っても結構――このやり方が私の中に居すわってしまいました。とはいえ、思考のレシピを持っているという自覚もなく、アナロジー／ホモロジー／ホモノミーの整理法の意味を十分に把握したのは十年を経てからのことでした。

これらの概念が思考のレシピとしていかに活用されたのか、という話は、少しばかり詳細にお聞かせしてよいかと思います。例の試験ののちまもなく、私は専攻を人類学に変え、しばらくは思考停止の状態でした。人類学というフィールドで何をやったらいいのか、考えをめぐらせても、この学問で慣例的に行われているアプローチの無意味さがますます明白になっていくばかりで、何の解決も生まれません。一九三〇年になって、トーテミズムについて戯《ざ》れ文のようなものを書きました。それはまず、王立人類学協会刊行の「解説《ノーツ》&質問《クエリーズ》」に載っていたトーテミズムの諸特性のうちの「かなりのパーセンテージのもの」が該当するという権威ある理由を楯に、イアトムル族のトーテミズムが真のトーテミズムであると断定した上で、「北アメリカのトーテミズムとイアトムル文化のある断片とを同一視するとき、われわれはいかなる種類の同質性に言及したつもりになっているのか」という問題に進み、ホモロジーとホモノミーの議論にもつれ込むというものでした。

〝真正な〟トーテミズムについてのこの議論のなかで、ホモロジー対ホモノミーの概念はくっきりとしたものであり、私にはそれらがどんな抽象観念であるかということも、(大まかではあっても)すっきりと理解した上で使っておりました。ところが、後にイアトムル族のデータ分析をやったときには、これらに類する他の抽象観念を作ってしまい、当初の明断さを失って、問題を混乱させてしまったのです。

なかでも特に魅かれていたのが、文化の「感触《フィール》」という観念でした。形式的なディテールばかりにこだわる人類学の体制に飽き飽きしていた私は、なんとかニューギニアの文化を肌で感じたいという漠然とした思いを抱いて、当地に乗りこんでいったわけです。しかし、国もとへの最初の手紙で、もうそのことを嘆いていたのですが、文化の「感触」などという途方もない概念の尻尾に塩をつける［それを捕らえる］という企ては、やはり途方もないことでした。原住民が集まって、キンマの葉を噛み、それをペッペッと吐き出しながら談笑するさまを眺めているうちに、これは無理だという絶望の気持ちが抑えがたく湧き上がってきました。

一年後のニューギニアで、ダウティの『アラビア砂漠の旅』を読みました。自分のやりたかったことがダウティによって、彼なりに成しとげられていたことにはスリルを感じましたが、悲しいことに、彼が「文化の感触」を捕らえるためにふりかけた塩は私には役に立たないものでした。私が目指していたのは文学的・芸術的な表現ではなく、科学的な分析であったわけです。

ダウティから受けたポジティヴな影響のなかでも、私を動かす刺激として大きかったのは、一つの誤った考えを助長されたことです。アラブ人の行動を理解するのに、その文化の「感触」を切り離して考えることができない、ということは、文化の「感触」なるものが、ある意味でその成員の行動を形づくる「原因」としてはたらくことに等しい。そう思うと、自分の探究が、何か重要なことのように思えて励みになりました。そこまではいいのです。しかしこのとき私は、文化の「感触」なるものを、アクティヴな作動因として、必要以上に具象的なものと考えるに至ってしまいました。

そしてこの誤った具象性を、その後たまたま出会った一つの言葉が固めてしまいました。ラドクリフ＝ブラウン[*1]にコメントをいただいた中に、君が研究しようとしているのは「エートス」なのだね、との耳慣れた言葉があったのです。言葉というのは危険なものであります。この「エートス」という言葉も、当時の私にある意味で大変な悪さをしました。もっと辛抱して、自分の考えを的確に表現する言葉を自分で作り上げていたら、あのとき陥った混乱のかなりの部分は避けることができたでしょう。希望を込めて言えば、「エソノミー」という言葉を私は作り上げていたかもしれません。そうしていたら、自分が扱っている概念がホモロジーやホモノミーと抽象のレベルが等しいことが見えたはずです。[*2]「エートス」のどこがよくないかといえば、それは言葉として短すぎるという点にあります。それは複合語ではない、単一のギリシャ語の名詞です。それにつられて私はこれが単独な何かであり、原因としてはたらくものだと考えた。まるで、行動のカテゴリーであるかのように、あるいは行動を形づくる一種のファクターであるかのように「エートス」を捉えてしまったのです。

こうした雑な言葉遣いというのは、誰にもなじみのものでしょう。類例はわれわれのまわりに氾濫しております。――「戦争の原因は経済的なものだ」とか「経済的な行動」とか「彼は自分の感情に動かされた」とか「彼の症状は彼の超自我と彼のイドとの葛藤の結果である」とか。(この最後の例には一体いくつの誤謬が含まれているでしょう。五つは確実ですし、六つめも見えそうですが、さらにそれ以上あるかもしれません。残念なことに精神分析学は短すぎるがゆえに実際より具象的に見える用語を使うという過ちを犯しています。) 私も「エートス」という概念を扱う上でまったく同様のお粗末な思考に走ったのでした。それを告白するのに、他人の犯した同様の過ちを道連れにして共感を得ようとしたのであればお詫びします。

ここで、その誤謬にどんな段階を経てさまよいこんでいったのか、そしてどのようにしてそこから抜け出せたのかということの分析に移ります。罪から脱出する第一歩は罪を重ねることだというのが私の持論であります。この方法が頼りになることは、いくつもの点から言うことができます。悪業というものは、肉体的なものであれ知的なものであれ結局のところ退屈なものですから、その退屈さに当人が気づくまで悪業にふけらせるのが、効果的な治療になることが結構あるものです。一種の実践的帰謬法とでも言いましょうか、思考なり行動なりを、そのバカバカしさが明らかになるまで徹底していくというやり方です。

「エートス」と同じくらいの抽象性を持った概念を次々と繰り出してそれらをみな具象的な実体でもあるかのように扱っていくのが、私の場合の悪道の極め方でありました。「エイドス」とか「文化構造」とか「社会論理《ソシオロジー》」とかいうのがそれで、たとえばエートスと文化構造との関係を、河と土手との関係のようなものとしてイメージしていました。河は土手を築き、土手は河を導く。同様に、エートスは文化構造を築き上げ、文化構造に導かれる、と。フィジカルな世界に類比を求めた点は、観察データの分析のために生物の世界を覗いたときと同じですが、今度は自分で作り出した概念を分析する目的で、それをやることになったわけです。これはいただけません。もちろん、自分が生み出した考えを整理するために、他の科学領域から助けが得られることはよくあります。たとえば、「エイドス」などの概念を整理するために、物理学の〈次元〉の理論を持ち出すのは、適切なことだと思います。やってはいけないのは、抽象のレベルを間違えること。一つの分野で、ある題材について考えるとき、別の分野で類似の題材がいかに分析されてきたかを参照するのはいい。しかし自分の内側から出してきた概念を理解するときには、類比の相手も同等の抽象レベルに求めなくてはいけません。それなのに私は、河と土手との比喩が気に入ったあまり、これを大真面目に扱ってしまったのです。

ここでちょっと脱線して、一つの思考法あるいは話法についてお話しさせて下さい。なかなか役に立つ技《トリック》だと思います。ある漠然とした概念が現れて、それを厳密に言い固めてしまうのはまだ早いと思うとき、意味のしっかりした用語をいきなり与えて事態を間違った方向へ持っていかないように、ある「ゆるい」表現をその概念にくっつけておくのです。そのときは、できるだけ簡潔で具象的で口語的な語——一般的に言ってラテン語系ではなく、土着のアングロサクソン語——を使います。文化の"stuff"[素地]とか、文化の"bit"[一片]とか、文化の"feel"とか言うわけです。これらの簡単なアングロサクソン語は、私には独特の響きというか「フィール」がありまして、それを使っている間は、何を指しているかも曖昧であり、さらに分析が必要だということを意識させられる。——まあ、ハンカチを結んでおくトリックのようなものですが、これの利点は、ちょっと強引にいけば、ハンカチをそのまま他の目的に使えるという点にあります。その曖昧な概念を、価値あるゆるい思考の過程で使い続けていくことができる。自分が今やっているのは「ゆるい」思考なのだということを意識したままで。

しかしエートスが「河」であるとか、文化の形ないし構造が「土手」であるとかいう比喩は、その役を果たしてくれません。私はそれらが今後の厳密な分析を必要とするものだということを忘れて、なにか本物を手にしたような、文化のはたらきの真の姿を把握したようなつもりになっていました。〝エートス〟という種に属する現象が一方にあり、もう一方に〝文化構造〟と呼びうる別種の現象があって、双方が相互にはたらきあうのだ、あとはこれらさまざまな種の現象をしっかりと類別し、他人もお望みなら同様の分析を行えるようにしていけばいいのだ、と。

この類別作業を(まだ期が熟していないと思ったのでしょう)先送りにして、私は文化の分析を進めていきました。そのときの仕事は自分自身、今でも評価しているものです。漫然とした、まるで切れ味のない概念を用いて、それで科学の進歩に貢献するということがある——この点が今日のお話の最後のポイントになります。精神分析学で使われている用語のいい加減さに目を向けてみましょう。どれもこれも具象性の誤認を犯している。そのことをわれわれは嗤《わら》うことができます。しかし、フロイトの始めた、このいい加減な思考体系以外に、精神の解明に顕著な寄与を果たしたものがあったでしょうか。家族というものの科学的理解のほとんどすべてを、われわれは精神分析学に負っている。まさに、ルーズな思考の価値と重要性を記すモニュメントというべきものです。

イアトムル族の文化についての本『ナヴェン』は、ようやく最後の章を残すだけのところまでこぎつけていました。最終章は、それまで自分で作成し使用してきた理論的概念を再度検討し、その有効性を確認する場となります。その章で、「エートス」と名づけた類と、「エイドス」と名づけた類を、どうにかして区別することに挑まなくてはなりません。

それは、以前「ホモノミー」の概念をひねり出したあの試験場でのパニックを思わせる状況でした。次のフィールドワークへの出発が迫っている。船出の日までに本を仕上げなくてはならない。自分の繰り出した概念の相互関係をある程度明確に規定できなくては、本全体が崩れてしまう——。

その章で結局何を書くはめになったか、一部を引用してみます。

自分で使っていたカテゴリーが本当に仕切りとして成り立つのか疑問を抱き始めた私は、一つの実験をやってみた。まず、三片《ビット》の文化事象を選ぶ。

(a)ワウ(母の兄弟)がラウア(姉妹の子)に食物を与える＝「実際的《プラグマティック》」な一片。

(b)夫が妻を叱りつける＝「情動的《エソロジカル》」な一片。

(c)ある男が父の姉妹の娘と結婚する＝「構造的」な一片。

次に、大きな紙の上に縦横三列、計九つのマス目を描き、横列の左には私の選んだ一ビットの文化事象を、縦列の上には各カテゴリーの名を書いた。そうしておいて、それぞれの事象がどのマスにも全部収まるものかどうかを試してみた。結果はみな収まってしまったのである。

選んだ三つは、その気になればすべて「構造的」な事柄だった。すなわち、互いに一貫性を持つ一組の規則または図式に沿うものとして見ることができた。同様に三つとも、個人の必要を満たすものとして、あるいは社会の統合に寄与する「プラグマティック」なものとして捉えることができた。そして三つとも、感情の表出として「エソロジカル」に見ていくことができた。

他愛ない実験と見えるかもしれないが、これが私には重要だった。ここに長々と披露したのも、読者のなかに、「構造」というような概念を、まるで文化の中にあって「相互作用」を行う具象的なパーツの一つであるかのように考えてしまい、それらが研究者または現地の人が世界を見るときの「観点」に貼られたラベルにすぎないことが見えにくくなっている、かつての私と同じような方がいるのではないかと懸念したからである。(2)他にもたとえば「経済」等の概念について同じ実験を行なってみるのも示唆的だろう。

ここに至って、「エートス」その他の概念が、「ホモロジー」や「ホモノミー」と抽象の次元を同じくするところまで、ようやく退きました。それらは研究者が自らの意に従って採用した視点に貼るべきラベルだったわけです。ようやく思考のもつれを解くことができたことの興奮はご推察の通りですが、同時に、本全体を書き直さなくてはいけないのではないか、という心配が出てきました。結局、その必要はありませんでした。用語の定義をもっと研ぎ澄まし、一度全体を読み通してそれらの語が現れるたびに新しい定義を当て、ナンセンスの度が非常に高いときには脚注をつけて、「これは悪しき論法の見本です」と警告しておく――それで十分だったわけです。本体はしっかりしていたので、脚のキャスターを取り替えるだけで済んだということです。

以上、「ゆるい思考」と「厳密な思考」との間を、一個人の研究がどのように揺れながら進んできたかという体験談を語ってきました。実際、学問というものは、こんなふうに二種類の思考の間を揺れながら進んでいくものではないでしょうか。もちろん個人の思考過程は、規模においても意義においても、一つの学問全体の動きとは比べようもありませんが、しかしそこにも、交互するプロセスの両方の要素がはっきり見て取れます。まず「ゆるい」思考があり、あやふやな基盤の上に理論を構築していく作業がある。次により厳密な思考を行いながら、すでに出来上がっている構築物の足場を補強するプロセスがくる。科学研究とは、こんな経過をとるものだと思います。もちろん、一つの学問全体と個人の研究とでは、建物の大きさが違います。また、学問の進展プロセスでは、最初に「ゆるい」思考を始めた人間と、それを厳密化していく人間が別だという点も違っています。物理学などでは、最初の建てつけから土台の手直しまで、数世紀もかかるという例があります。しかし進行のパターンは基本的に同じでしょう。

このプロセスをスピードアップする処方があるかと問われるなら、科学的思考の持つこの二重性を受け入れて享受することだという答えになるでしょう。この二種類のプロセスが協働してわれわれの世界の理解を進めてくれるのだということに積極的な価値づけを行うこと。一方を嫌うのは、得策ではありません。一方が他方を振り切って走っているときこそ、それを、両者平等に嫌うというのが正しい姿勢だと思います。「ゆるい」思考ばかり、あるいは厳密すぎる思考ばかりが、あまり長いこと支配していると、科学は衰退していくのだと私は考えます。現在の精神分析学はそのいい見本ではないでしょうか。フロイトの築いた楼閣は、厳密な思考による補修がされないうちに巨大化しすぎてしまった。もはやフロイトの教義を新しい、もっと厳密な用語で言い換えようとしても、怒声まじりの抵抗に出会うばかりになってしまった。争いは無益です。(正統派の精神分析学者には、もっとリラックスして大丈夫なのだと言いたい。精神分析の一番の基礎が掘り返されはじめ、「エゴ」「願望《ウィッシュ》」「イド」「リビドー」等々の概念の具象性・

実体性が疑問視される――いま現実にそうなってきているわけですが――そういう事態を迎えても恐れることは何もない。混沌やら大海の嵐やらの悪夢を見る必要などないのです。新しい土台が下についたからといって、分析の骨組まで崩れ去ってしまうわけではありません。それに、概念と前提と公準がたたき直されたあとはまた、「ゆるい」思考に思う存分ふけることができるわけです。その中で、また新しい成果が勝ち取られ、そこで生まれたものがもう一度厳密な概念によって手直しされていく。どうでしょう、科学の前進運動に伴うこの蛇行を楽しんでしまっていいのではないでしょうか。それを拒むことで、前進を阻止してしまったのでは仕方ないと思うのです。）

さらに言えば、進歩を遅らせないという消極的なことだけではなく、積極的にプロセスの促進を図っていくべきです。今日私はその方法を二つほど提案しました。一つは、過去の科学を訪ねて現在の研究題材に適用できる大胆なアナロジーを見つけること、そうやって大胆な勘による「ゆるい」思考から始めて、次第に思考を厳密化する訓練をみずからに施すことです。もう一つは、厳密な定式化の済んでいないところには、忘れずにハンカチを結んでおくこと。定式化を急ぐことはないけれども、いま使っている用語が試験的なものにすぎないということはいつも明らかにしておかないといけません。仮のものにすぎない言葉が、まだ知られていないことを後の研究者に見えなくするフェンスになってはならない、むしろそれらは「この先未踏の地」と書かれた標識として使われるべきです。

——このペーパー[原題"Experiments in Thinking about Observed Ethnological Material"]は、一九四〇年四月二十八日、ニューヨークのNew School for Social Research[現ニュースクール大学]で開かれた「科学と哲学の方法」をめぐる学術会議で発表された。ここに掲載するのは *Philosophy of Science*, Vol. 8, No. 1 (The Williams & Wilkins Co., 1941)からの再録である。

■——原注

（1）この事例、および他の類似の出来事に関する詳細については、拙著『ナヴェン』*Naven*, Cambridge Univ. Press, 1936, pp. 98-107 参照。

（2）同書 p. 262.［引用は「「経済」等」で終わっているが、『ナヴェン』本文では、その後に「親族関係、土地保有」と続き、さらに「宗教、言語、"性生活"すら行動のカテゴリーとして立てるには不確かなものにすぎず、むしろそれらの正体は、あらゆる行動を眺めるそれぞれの観点であるというのが本当のところではないだろうか」と述べられている。］

■――訳注

＊1　ブロニスワフ・マリノフスキーと共にイギリス社会人類学の開祖とされるアルフレッド・ラドクリフ＝ブラウンは、一九二五年にケープタウン大学からシドニー大学へ移籍。ニューブリテン島およびニューギニアでのフィールドワークを行なった若きベイトソンは、シドニーでラドクリフ＝ブラウン教授の助言を求めた。助言は継続したようで、マーガレット・ミードの自伝『女として人類学者として』には、一九三五年の春、『ナヴェン』を書き進めていたベイトソンがミードを米国に訪ねたとき、シカゴ大学に移籍していたラドクリフ＝ブラウンと「社会、文化、文化の性格がそれぞれ何を意味するのか、議論した」との記述がある(第十六章の章末)。なおラドクリフ＝ブラウンは『ナヴェン』の書評を*American Journal of Sociology* 誌に書いている。

＊2　ホモロジーとホモノミーの関係をエソロジーとエソノミーの関係に重ねてみる。homo- は「同」を意味する。etho- はエートス(人間集団の気質)を接頭語化したもの。homology が有機体のカタチの比較研究だとすれば、行動において観察される、目に見えないカタチの比較研究が ethology だといえる。しかし、-logy と名づけるからには、どちらも対象とする出来事の背後にある理(ロジック)の探究であることに変わりない。これに対して homonomy と ethonomy においては、個体の形態ないし人間集団の性格が、どのような統御の過程によってコントロールされているかという面が強調される。(なお「エソロジー」という語は、現代では「動物行動学」の意味で使うのが一般的である。)

国民の士気と国民性

最初に本論の進む道順を掲げておこう――(1)「国民性」という概念には科学的根拠がないとする意見を幾つか取り上げて検証する。(2)そうすることで、「国民性」の概念が有効となる範囲を画定する。(3)その範囲内で、西洋諸国民の間に見出されうる差異とはどのような次元《オーダー》のものか、問いを詰めていき、幾つかの例によってその差異を具体的に捉えることを試みる。(4)最後に、国民間レベルにあるこれらの差異が、国民の士気昂揚と国際情勢とにどのように関わっているかを検討する。

■――「国民性」なるものを考える際のバリア

「国民性」national character についての科学的な研究が、これまで殆ど行われてこなかった背景には、その種の概念に対する科学者の不信感がある。こういうことを論じるのは無益で不健全だ、という方向へ科学者を導いていく思考経路が多重に存在しているのだ。そこで、ヨーロッパ各国民間に実際どんな次元《オーダー》の差異が見出されうるかという問題に関して考えを組み立てていく前に、「国民性」の議論からわれわれの目をそらす幾筋かの思考経路を解剖しておきたい。

まず、共同体相互の間で異なっているのは人間ではなく環境なのだという議論がある。問題にすべきは、地域の歴史的背景もしくは現在の状況なのであって、それさえ見ていけば、個人の「性格」に立ち入らなくても、その行動の違いはすべて十分に説明できるとする考え方だ。この考えは、基本的に「オッカムの剃刀」の原理——必要なもの以外は思考から切り落とすべきだとする主張——に根拠を置いている。状況の違いが観察でき、人間の性格が観察できないのであれば、前者を使って議論を進めればよいのであって、頭で考え出したものを持ち出すことはない、と。

この主張には、たとえばレヴィンの行なった実験データ(未発表)[*1]をもって、部分的にではあれ対抗することが可能だろう。レヴィンの実験は、ドイツ人のグループとアメリカ人のグループに同じ失敗を経験させ、その受け止め方の違いを調べるものである。結果は明快に出た。アメリカ人が失敗を自分への挑戦として受け止めて、より一層張り切るという反応を示したのに対し、ドイツ人は一概に意気消沈に陥ったのである。だが、この実験結果に対し、性格より外的条件の有効性を支持する人たちは次のように反論しうる。――両グループにとって、実験の条件が実は同じではなかった。被験者を「同じ状況」に陥れてみても、その状況が持つ刺激としての値は、それが当人の人生における他の諸状況とどのようなコントラストをなすかということで違ってくるのであって、この場合、その「コントラスト」は両グループにとって決して同じにはならない。

異なった文化的背景を持った人間が、本当に「同じ状況」に身を置くことは決してないという議論からすれば、たしかに「国民性」というような抽象的存在は無用だとする考えに傾くだろう。しかし次の点は如何だろうか。「性格」を捨てて「状況」を選ぶなら、「学習」についてわれわれが確実に知っている事柄が無になってしまう。哺乳動物の――とりわけ人間の――行動の諸特性は、何時いかなるときにもその個体の過去の経験と行動に依存することが知られている。心理学の分野でおそらく一番裏づけのしっかりしたこの一般則を踏まえるとき、状況だけでなく、併せて性格について考えたとしても、思考が必要以上に複雑化するとは思えない。学習によって獲得される性格というものが、行動を大きく左右することを、われわれは他のデータから明らかに知っているのであり、その知識を活かそうとするかぎり、「性格」を余計なものとして切り落とすことはできないからだ。

「国民性」の概念が有効であるとするには、しかし、もう一つのバリアを越えなくてはならない。人間の性格を考慮する必要性を認めたとしても、一国民を構成する人間のサンプルすべてが、何らかの均一性あるいは規則性のもとにあるという主張にはつながらないからだ。「均一性」について言えば、ただちに「ない」と結論してよいと思うので、「規則性」に絞って考えていこう。一国の国民全体に見出しうるような心的規則性とは、どのような種類のものか。

われわれが引き受けようとしている批判には、次の五つの形が考えられる。

1 共同体内部に下位文化への分化が生じることを指摘するもの。男女間、階級間、職業間等で人間の性格は違ってくるだろう、と。

2 人種の「るつぼ」と言われるような共同体にあっては、極端な異種混交のために、一定の型を規範として設けるのは無理があることを指摘するもの。

3 「偶然」の要因による精神外傷的な経験によって、その文化環境の規範を外れた「異常性格者」が存在することを指摘するもの。

4 文化それ自体が変容しうること、とりわけ、それに伴って、変化の早い「先取的」なグループと、変化の緩慢な「古いタイプ」の人間とが分化することを指摘するもの。

5　「国境」というものの恣意性を指摘するもの。

これらの批判意見は密接な相互関係にあり、それらに反論するには、結局のところ二つの公理を持ち出せばよい。まず、各個人が、生理的にも心理的にも、単一の組織されたorganized存在だということ。一個の人間の〝部分《パーツ》〟とか〝側面《アスペクツ》〟とかいうものは、すべて相互に規制し作用しあって単一の連関性をなしている。そして第二に、共同体も、これと同じ意味でオーガナイズされているということ。

1の批判から応えていこう。安定した共同体の中で①社会的に分化して暮らす集団——たとえば、ニューギニア一部族の「男たち」と「女たち」——の観察から言えることは、彼らが単に習慣体系と性格構造において異なるという点だけではない。重要なのは、双方の習慣体系が嚙み合って、一方の行動が相手方の習慣を助長するようにはたらく点だ。②彼らの間に見られるのは、〈見る—見せる〉〈支配する—服従する〉〈支える—頼る〉、あるいはそれらを複合した相互補完的なパターンであって、それぞれが相手と無関連に動くことはないのである。

西洋諸国の階級間、男女間、職業間に見られる習俗の違いが、どのような関係性に起因するのかということは、残念ながら殆ど知られていない。とはいえ、互いに接触する集団同士が安定した差異を形作って暮らしている場合、そこには必ず何らかの相互規定的な関係の型が存在すると考えて危険はあるまい。二つの異なった集団が、同じ共同体に隣接して暮らしていながら、それぞれの特性の間に些かの関連も持たないという事態は、筆者には想像できない。それを認めては、人間社会が一まとまりの組織体であるという前提が崩れてしまう。であるからには、ニューギニア部族の男女間に観察されたことが、すべての安定した社会的分化に関して成り立つことを本論の前提とした上で、議論をスタートしたいと思うのである。

人間の性格形成に関する——特に投影、反動形成、補償等のパターンについての——研究がことごとく示しているのは、一人の人間が獲得するのが、これら二極的パターンの全体だということだ。ある人が、これらのパターンの一端を明示する行動(たとえば支配の行動)を身につけているとしたら、もう一端(服従の行動)のタネも、同時にその人のうちに植えつけられている。このことは(厳密な用語で述べ立てることができなくても)確実に言える。人は、支配性か服従性かのどちらかを躾《しつ》けられるのではなく、〈支配—服従〉がワンセットになった環境に育つのだ。この点から、一つの共同体内部で安定的に分化している成員に関しては、彼らに共通の性格を語ることも正当化されると言えるだろう。ただし、このとき語られる性格は、共同体の分化したセクション間の関係のモチーフにそって記述されなくてはならない。

極端な混交社会をどうするのかという2の批判にも、同じ点から応えることができる。ニューヨーク・シティのような「るつぼ」社会に生きる個人間・集団間に結ばれているすべての関係モチーフを分析するという場合を想像してみよう。仮に、この仕事を頭がおかしくならずに遂行できたとした場合、われわれの前には、殆ど無限の複雑さを持った「市民性」が描き出されているはずである。しかし、そこに映し出されているのは、明らかに人間の解像能力を超えた細微な差異の集まりだ。ここで研究者も、当のニューヨーク市民も、いわばショートカットの思考に走ることを余儀なくされる。つまり細かく見れば人それぞれ違っていても、全員が単一の「寄合所帯」的環境に生きていることに違いはない、という見方を取ることになる。この仮説に立って、共通の行動モチーフを探していけば、二つの顕著な傾向に行き当たることだろう。まずそこには(ロビンソン&ラ・トゥーシュ作の「アメリカ人のためのバラッド」で歌われるように)異種混交そのものを誇りとする傾向があり、さらに(リプリーの「ビリーヴ・イット・オア・ノット」に見られるように)世界を関連のない無数の断片の寄せ集めと見る傾向がある。*2

3の批判、すなわち、規範から外れた個人の扱いの問題も、相互に差異づけられた集団の場合と同じように考えていくことができる。イギリスのパブリック・スクール[全寮制の名門私立校]に通いながら、その教育が根づかない少年の場合、たとえその「逸脱」の根本原因が、なにか〝偶然の〟心的外傷にあったとしても、彼がパブリック・スクールのシステムに反応して行動しているという点に変わりはない。学校が植えつけようとする規範に従った行動を身につけないにしても、その規範自体に対する反応としての行動形式は身につけるわけだ。それが規範とは正反対のものになることはあるだろうし、実際そういうケースは多い。しかし、それとまったく関連を持たない行動形式を身につけるケースは考えられない。「あれでパブリック・スクールを出たのか」と言われるような人間になったとしても、あるいは精神を病んでしまったとしても、その逸脱性は、反抗の対象となった規範と何らかの体系的な関係を持つだろう。システマティックな相互関連を形作るという点で、彼の性格と標準的な「パブリック・スクール出」の性格との関係は、イアトムル族の男女間のケースと同様に、みずからが属する社会の関係性のモチーフとパターンによって方向づけられているのである。

4の点、すなわち、時代の変化により共同体内に新旧の層が分化するという問題に対しても、同じ論法で対処することができる。変化の方向が、必然的に共同体の現状に依存するものであるなら、旧来のパターンと、それに対する反応である新しいパターンとは常に体系的なつながりを示すだろう。だとすれば、このシステマティックな関係の諸テーマを見失わないかぎり、人々の性格が収まる規則性を期待して問題はないだろう。それに、共同体が変化していく場合、ちょうど異種混交社会で混交の事実が性格形成における共通軸としてはたらくように、変化の経験と期待とが、共通の性格形成因子となる場合もあるはずである。[3]

最後に国境の変化という問題だが、外交官による条約の調印が、それによって所属する国を変えた人々の性格に直接の変化をもたらすのでないことは言うまでもない。文字を持たずに暮らしてきた人たちが、はじめてヨーロッパ人と接触したというケースでは、暫《しばら》くの間、二つの集団の間に、ランダムな試行錯誤の行動が繰り返されることもあるだろう。それぞれがお互いの規範を保ったまま、接触の状況に対してなんの適応的行動も発達させていないこの段階で、両集団に共通する特性を探っても意味はない。しかし、比較的短い期間で、双方とも接触の際の特別な行動様式を編み出すようになることは知られている。[4]この段階で、両者共通の性格を言い述べる二極的な関係構造がどのタイプのものかを問うことが適切になる。そして、この性格構造が固定化していくにつれて、両集団は、安定した差異化社会における両性間や階級間に見られるのと同様の関係へと移行していくわけである。⑤

以上の要約。人間の共同体の内的分化や、共同体にはたらくランダムな要因を理由にして、その成員に共通した性格特性を割り出すことはできないとする意見に対しては、(a)共同体内部の集団間もしくは個人間の関係のありようを軸にした記述に終始し、(b)共同体がある段階の平衡状態に達するか、変化や異種混交を自分たちの環境の特徴として受け入れるのに十分な時間を考慮するかぎりにおいて、われわれのアプローチは有効だと答えることができる。

■――国民集団間に見られるべき差異

想定される反論に再反論するという前節の方法によって、議論のスコープが大分狭いものになった。だがその分析から得られた結論は単にネガティヴなものではない。概念の広がりを限定することは、それを定義することとほぼ同義である。

われわれは、一つ非常に重要な分析のツールを持ち駒に加えた。共同体の中に生きる人間に共通の性格(いわば性格の〝最大公約的〟要因)を、二極のパターンによって言い表すテクニックがそれである。各国国民があまりに違いすぎることに絶望する代わりに、その差異化のあり方から国民性を理解することがこれで可能になった。「ドイツ人は服従心が強い」とか、「イギリス人は高慢だ」という言い方をせずに、双方に対し〈その関係の型が現実に即していることが示せる限り〉〈支配—服従〉という、一つの二極形容辞を当てることにしよう。「ドイツ人の性格におけるパラノイア的要素」と言って満足せず、「パラノイア的」と呼びたくなる特性が、ドイツ人相互間の、または外国人との、どんな二極的関係から生じているのかを探っていこう。極度の支配性と極度の服従性とを結ぶ連続的な度合を想定して、そのどこかに個人や集団の性格を位置づけるのではなく、「〈支配—服従〉へのこだわり、ないしは指向性」の度合を考え、それに基づいた記述を進めていこう。

二極的な特性として、先ほどわれわれは、〈支配—服従〉〈養護—依存〉〈見せる—見る〉という、ごく少数のテーマを挙げた。*3 これについて、「どの特性もすべての西洋文化に、同じように顕著に見られるではないか」という批判があるに違いない。われわれのメソッドが実際に役立つようにするには、もっとたたき延ばし、西欧文化内の一国の国民を他の国民と差異づけるだけのスケールと細やかさを持ったものにしていかなくてはならない。

提示した思考の骨組に対して、本論では、三つのタイプの拡張作業を施すに留める。

今後の展開のなかで、多くの拡張と区分が施されていくだろう。

二極以外の分化

われわれは、共同体に共有される性格構造の存在を否定せず、その内的分化を見ていこうとしているわけだが、その手段として持ち出した二極の概念は、きわめて単純な二極分化の域を出るものではなかった。二極性のパターンは、たしかに西洋文化に頻出するものである。共和党と民主党、政治における右派と左派、男と女、神と悪魔……。そればかりか西洋文化では、老―若、労働―資本、精神―物質というように、本来二元的ではない現象にも二元的パターンを押し当てる傾向が強く、また一般的に言って、三元的システムを組み上げるための文化的受け皿がない。たとえば、第三党が台頭してくると、それが政治組織全体への脅威として見られがちである。このように二元システムに向かう傾向は顕著だが、だからといって他のパターンが見逃されてはならない。⑥

たとえばイギリス社会には、親―乳母―子、国王―大臣―臣民、将校―下士官―兵卒といった、三元システムの形成に向かう興味深い傾向が見られる。⑦これらの三元システムが、厳密にどのような関係のモチーフによって形作られているかは今後の解明に託す他はないが、一つ指摘できるのは、これらの「三元」が、「単純なヒエラルキー」を形成するのでも、「三角形」の関係を形成するのでもないという点だ。「単純なヒエラルキー」というのは、一項が他の二項の間に割って入り、差し向かいの関係を阻止する——つまり、A—C間のコミュニケーションがすべてBを通ってなされる——ような一列化したシステムのことである。また、「三角形」のシステムというのは、三つの元の間に、直列的な特性が生じないものを指す。親—乳母—子の三元システムが、そのどちらとも異なるのは、「一列」の要素を含みながら、第一項と第三項との差し向かいの関係を阻止しない点だ。というよりむしろ、中間項が第三項に、第一項との正しい接し方をしつける役割を担っている。乳母は、親の前でどのようにふるまうべきかを子供に教えるし、下士官は、将校に対する正しい接し方を兵卒に仕込む。精神分析の用語で言えば、取り入れ[*4] introjection のプロセスが、間接的に——親的人格からの直接的インパクトによらずに——進むということだ⑧。しかし、ここでも第一項と第三項との差し向かいの接触はきわめて重要である。英国陸軍では、その日の当番将校が下士官と兵卒を集めて不満を尋ねる毎日の儀礼が欠かせないものになっている。

　イギリス人の性格について十分な議論を展開するには、二極パターンのほか三元パターンも検討すべきであることは確実である。

対称型のモチーフ

ここまでは専《もっぱ》ら、「相補的」complementary な関係のパターンのみを扱った。それらは、(支配—服従というように)関係の一端をなす行動パターンが、もう一端をなす行動パターンと異なりながら、互いにフィットするものである。しかし人間の関係パターンには、この記述に合致しない形式のものが、一つの独立したカテゴリーをなして存在している。「対称的」symmetrical と呼ぶべきパターンがそれだ。「相補的」な関係では、対照的な行動が互いを支え合う形で結びつくわけだが、「対称的」な関係では、相手がとった行動に、それと同類の行動をもって応じるという一連の行動パターンが展開する。なかでも、「競争」または「張り合い」と呼ばれるパターン⑨には注目すべきだろう。これは個人または集団Aが、個人または集団Bのとる行動に触発されて、Bの行動を激しく受けるほど(あるいはBの行動が成功を収めるほど)、それと同じタイプの行動へ強く駆り立てられるというものである。

競争のシステムのなかで展開する行動と、相補的な〈支配—服従〉のシステムのなかで展開する行動との間には、きわめて根本的な対照があり、国民性の議論においても、両者の対照は大きな意味を担ってくる。たとえば相補的な力関係のシステムでは、Aの頑張りを焚きつけるのは、Bがこちらより弱いという認識だ。Bがどう見てもこちらより強いと納得すれば、Aはあきらめて力を抜く。この点、相補的な力関係の中にある人間はみな、〈腕白―弱虫〉などと記すことのできる性格構造を宛てがわれている〈その二極特性が、一つのパーソナリティの中に組み入れられている〉と言えるだろう。一方、対称型の力関係システムが作動するしくみは、相補型とはほぼ完全に逆転している。つまり、Bが強いと見たときこそ、Aの頑張りは増長される。Aが力を緩めるのは、Bが弱いと見たときだ。

どんな人間も、相補型・対称型いずれの行動をも、可能性としては採りえても、一人の人間が、両方の行動型式を同時に――精神の混乱や葛藤に陥ることなく――採るとは考えられない。それぞれに異なる国民集団は、逸脱から引き戻すための社会的装置を、それぞれに編み出しているようだ。たとえば、イギリスとアメリカでは、相補的スタイルの行動を押し鎮める作用が顕著である。大人も子供も、相補的にふるまおうとすると、周囲の強い反目を受ける。そうしたチェックを受け続けている人間が、「フェアプレイ」の倫理を身につけるのは当然の流れだろう。彼らは、立ち現れた困難によって挑発されるように動く。そのため、「負け犬を蹴る」ようなことを、罪悪感を持たずに遂行することが彼らにはできない⑩。ダンケルクでの惨敗は、イギリス国民の士気昂揚につながりはしても、士気喪失の原因にはならないのだ。

一方ドイツには、この種の行動の定型が見られないようである。彼らの社会は、主として〈支配―服従〉の関係を軸にした、相補的なヒエラルキーに基づいて組織されている。支配の行動は鋭く、明瞭に発達している。しかしそれも単純明瞭な主従関係ではない。この点さらなる調査が必要である。そもそも、純粋な〈支配―服従〉の上下関係が安定したシステムを作りうるかどうかということ自体、疑問視されるべきだろう。ドイツの場合、この関係は、一種の仮装によって安定を得ているように見える。つまり、明白な服従の行動が、アメリカやイギリスと変わらないほどタブー視され、その代わりに、行進する兵士に見られるような毅然とした無表情が現れるのだ。

服従の側に回る屈辱を耐え易くする修正プロセスはあるのか？　その存在を示唆するヒントの一つを、ドイツ人の一生の歩みをテーマとする、最近始まった研究から得ることができる。(11)ドイツ南部出身の男性がインタビューに答えて語ったところによると、少年時代に彼が親から受けた扱いは女きょうだいとまったく違っていた。自分に対しては過大な要求がなされるのに、女の子はなにかと大目に見られる。いつも規律に厳格に従わされる自分と違ってずっと自由なふるまいが許されるのだ。インタビュアーは、女きょうだいに対する羨みの気持ちを抱いたかどうか探ってみたが、返ってきたのは、服従することが男子の名誉なのだという断固たる答えだった。「女の子には、期待がかかっていません。男の子は、人生への備えが必要で、やるべきことをきちんとやることが、厳しく課せられるのです。」これはノブレス・オブリージュ［高貴な身分には相応の義務が伴うという考え方］の、興味深い転倒例だ。

モチーフの組み合わせ

相補的なモチーフとして、〈支配―服従〉〈見せる―見る〉〈養護―依存〉の三つのみを挙げた。数は乏しいが、この種の二極併記の用語で国民性を記述することで、検証可能な仮説づくりが可能になることを示すには、これで足りるだろう。(12)

これら三つのモチーフが、すべての西洋文化に見られることが明らかであるとすれば、各国民間の差異は、それぞれのモチーフが支配する割合の違いか、組み合わせの違いに求める以外にあるまい。「割合」の違いは、きわめて判然としたものでないかぎり、探知するのが困難である。アメリカ人よりドイツ人の方が〈支配―服従〉への指向性が確かに強いとは感じても、その感じを誰にも納得のいくように示すのは容易でない。〈見せる―見る〉関係や〈養護―依存〉関係の発達の程度が各国でどのように違うか、大まかにでも査定することは、ほぼ不可能だろう。

しかし各モチーフが組み合わさった全体を考えるとき、その合体の形式には、簡単に検証できる鋭い質的相違が認められる。われわれはまず、三つのモチーフが、西洋のすべての文化のすべての関係の中に十分に現れていると仮定し、その仮定に立って、どの個人がどの役割を演じるのかを考えていこう。

ある文化環境の中では、Aが支配的であるとともに顕示的であり、Bが服従的であるとともに見る側（観者の役どころ）に回っている。そして別の文化では支配者Xが見る側に、支配されるYが見せる側（演者の役どころ）に回る。——このコンビネーションの違いは、論理的に十分起こりうる。

そして、そうした違いの実例が、容易に思い浮かんでくる。ドイツでは、上に立つナチス党員が、民衆の前で顕示的なしぐさをとるのに対し、ロシアのかつての皇帝は直属のバレエ団を抱えていたし、現在のスターリンも、人前に姿を現すのは軍隊の行進を見るときだけである。ナチスと民衆の関係は、このように図式化されるだろう。

党	民衆
支配	服従
見せる	見る

一方、ロシア皇帝とバレエ団の関係は、こんな形になりそうである。

皇帝	バレエ団
支配	服従
見る	見せる

しかし、これらヨーロッパの諸例は実証性に乏しいので、ここでもっと綿密な民族学的調査がなされている例をご覧に入れたい。民族の違いによって、パターンに驚くほどの差異が生じることを示すものだ。ヨーロッパでは、養護行動が社会的優位性と結びついて捉えられ、それに伴って親の象徴的なイメージが出来上がる。われわれには、神も国王も〝父〟なる存在である。これに対しバリ島では、神々は民衆の〝子〟である。憑依した人間の口を借りて人間に語りかける神は、相手かまわず「お父さん」と呼ぶのだ。またバリの首長は、民衆によって、まるで子供のように甘やかされて *sajanganga* いる。さらに、バリの人たちは、子供たちに〝神〟と〝踊り手〟を兼ねた役を好んで宛てがうし、神話に現れる完全無欠の君主というのは、洗練されたナルシシストである。これらの点からバリのパターンは、次のようにまとめられるだろう。

高位	低位
依存	養護
見せる	見る

この図から窺えるのは、単にバリ島人が、位の高さと依存行動と見せる・演じる行動との並存を自然に感じるということだけではない。養護行動をひけらかすようにして行うのを嫌うだろうということ（実際、バリ島には、多くの未開文化に特徴的に見られる、賑々《にぎにぎ》しい、これみよがしの贈与の習慣がまったくない）、さらに他人の目に立つような養護行動を取らなくてはならない状況が彼らを困惑させることも、この図は示唆しているわけだ。

西洋の諸文化について、これほど明快な図は得られまいが、以下、イギリス、アメリカ、ドイツの三つの文化における親子関係について、図式化を試みておきたい。ただ、君主と人民の関係に替えて、親子の関係を見ていくときには、子の成長に応じてパターンが変化していくことを考慮しないといけない。幼年期には〈養護―依存〉が支配的なモチーフであっても、そうした極度の依存に対して、後に割り込んでくるさまざまな関係のメカニズムが修正を及ぼし、子供を心理的な独立へと導いていくわけである。

イギリスの上・中流階級の親子の関係システムは、こんなモデルになりそうだ。

親	子
支配	服従（乳母の介入により緩和）
養護	依存（寄宿学校に送られることで、破られる）
見せる	見る（食事中、子は黙って聞く）

対してアメリカのパターンはこのように描かれうる。

親	子
支配（軽度）	服従（軽度）
養護	依存
見る	見せる

両者の違いは、単に〈見せる―見る〉関係が逆転している点だけではない。〈見せる〉べ

き内容も違っている。アメリカの子供たちは、独り立ちできたことを誇示するよう、親から期待される。子供を寄宿学校に入れて、心理的な親離れを獲得させるという方法は一般的でなく、それに代わって、子供の〈誇示〉的な行動を育み、それによって〈依存〉を中和するという方法が取られるのだ。この、「独り立ちの誇示」という行動パターンが大人になっても抜けないためだろう、〈養護〉行為をひけらかす――妻と家族を見せびらかすかのようにふるまう――アメリカ人がときどき見受けられるようである。

ドイツでは、関係の二極の配置はアメリカの場合と重なるようだが、父親の支配がずっと強く継続的である点が異なるし、なによりも男の子が〈見せる〉よう期待される内容が違っている。ドイツ人の少年は、縮こまるような服従ではなく、踵を鳴らして気をつけするような元気のいい服従を見せる役割を、親の権威によって押し当てられていると言っていいだろう。アメリカ人の性格に見られる誇示性が、心理的な親離れの方法として育まれたものであるのに対し、ドイツ人の場合は、その機能も内容もまったく違っているのである。

この次元《オーダー》にある国民的な違いが、ヨーロッパのすべての国民間に存在するのであれば、他国民に対してナイーヴでしばしば辛辣な批判的発言がなされるそもそもの原因をその違いに求める考えも成り立つだろう。国民間のその違いを理解することが誤解の解消につながりうるとすれば、そのしくみの解明は、国際関係上、重要な問題だ。アメリカ人の目にイギリス人は事あるごとに〝尊大〟に映り、イギリス人の目にアメリカ人は耐えがたい〝自慢好き〟と映るのだが、そうした印象にどれだけの真実とどれだけの歪曲が含まれているかをきちんと知ることができれば、連合国側の協力体制に実質的なプラスがもたらされるのではないかと筆者は考える。

先の図に即して言えば、イギリス人の〝尊大さ〟は、〈支配〉と〈見せる〉行動の組み合わせの所産だということになる。朝の食卓での父親であれ、新聞の論説委員であれ、政治のスポークスマンであれ、講演者であれ、自分を〈見せる〉側に立っているときのイギリス人は、関係の支配権が自分にあることを前提として行動する。だから、相手に何を聞かせるかについて、相手の意向をうかがう必要はない。決める基準は漠然とした抽象的なものであってよく、聞きたくない人は聞かなければいい。自分の態度が尊大であることに気づいたとしても、彼はそれを「自然」なこととして片付けるか、自分のよって立つ基準に謙虚でありさえすれば、意に介さなくてよいとする。そのようなふるまいが相手に対する気持ちの表出として受け取られる可能性に思い至らないイギリス人は、ただ「演じ手」である自分の、自分が理解するままの、役割を演じようとするのである。ところがアメリカ人は、そうは受け取らない。相手が自分に対して〝尊大な〟行動を取っているのだと感じてしまう。そして一度その印象ができてしまうと、相手がなにか抽象的なものを基準にしているようす自体が、「軽蔑の上塗り」になってしまうのである。

イギリス人に〝自慢〟と映るアメリカ人の行動も、本来まったく挑発的なものではないのだが、敬愛の情を抱いている相手に対してアメリカ人は自然にそういう行動パターンをとることが分からないイギリス人は、嫌味な比較をされているように感じてしまう。先の仮説によれば、この〝自慢〟のパターンは、行きすぎた依存を自立の顕示によって中和するという、興味深い結びつきが生んだものなのだ。アメリカ人は「自慢」ではなく、自分が立派に自立していることを示し、その是認を求める行為をしているだけなのに、事情の分からないイギリス人が、それを支配と優越の宣言と取ってしまうところに行き違いが生じるのである。

一国の文化には、それ特有の全体的な雰囲気が感じられるが、それぞれの違いは今述べてきたようなパターンの違いに発していると想定することができそうだ。重大な誤解にも発展しうるそれらの違いは、しかし、研究の手が届かないほど複雑なものではないように思われる。本論で展開してきたのは、容易に検証できる種類の仮説である。この方向に沿った研究が急務であることを訴えたい。

■——国民性とアメリカ人の士気

国民性を解明する鍵として、われわれは個人および集団間の関係のモチーフを使い、それによって、西洋文明を共有しつつ生きる諸国民の間にどのような次元での差異が存在するかを指摘することができた。この方法で得られる結論は、必然的に理論的なものに留まるが、その理論的枠組から、国民の士気昂揚のための方策を引き出すことは可能である。

戦争に対してであれ何に対してであれ、人間の反応を強めるには、すでに習慣化している反応パターンに強く訴える状況に当人を引き入れるのが有効である。以下に述べる士気昂揚の方策は、みなその一般則に基づくものだ。ロバを励まして坂を上らせるのに、生肉を見せても仕方ないし、ライオンに草を見せても反応は得られない。

1　西洋諸国民はみな二極的なパターンに沿って考え行動するという点から、敵を多様な存在として意識させるのではなく、単一の敵対者として意識させることが、アメリカ人の士気昂揚にも役立つということがいえる。敵のうちに区別やグレードを設けるやり方は知的な層には好まれるとしても、大勢に混乱をもたらすことが予想される。
2 イギリス人もアメリカ人も対称型の刺激に対して最も強く反応するという点からすれば、味方の受けた戦禍を控えめに報道するというのは、たいへん損なやり方である。敵軍が自軍を攻略したときには、その事実を最大限活用して、闘争心を煽らなくてはならない。自軍がわずかでも撤退を強いられたとき、新聞が軽率に「敵軍の進攻を阻止せり」などと書き立ててはならない。戦線の攻防には、ヤマとなる瞬間がある。敵が地歩を固めて次の攻撃態勢に移ろうとしているときこそ、最大の士気を発揮して逆襲すべきときなのだ。その重要な時点で、指導者と国民に下手な自信を与え、闘争心を殺《そ》いでしまうというのは、頭のいいやり方ではない。
3 しかしながら、やられたらやり返そうとする対称的に動機づけられた性向と、自立を顕示する必要とは、うまく折り合いがつくのだろうか。この点に関しわれわれは、アメリカ人の少年が、子供時代に親の見ている前で自立を演じ、それを褒められながら自立を獲得していくという考えを示した。この診断が正しいなら、アメリカ人男性にとっては、ある程度自賛の気持ちを膨らませるのもノーマルで健康的なことだという理屈になる。自己肯定こそアメリカ人の独立心とタフさの主要成分であるとすら言えるかもしれない。

となると、苦況を訴えることで対抗心を煽るというやり方も、行きすぎると無駄になる。外からの煽りが、内から自然に湧き出るエネルギーをせき止めることに通じかねないからだ。イギリス人にならう「血と汗と涙」で押し続けるのもよいだろうが、アメリカ人は、同じように対称型の動機づけに依存してはいても、苦杯ばかりでは持ち味が出せない。政府広報部と新聞社とは、われわれがなすべき仕事の困難を強調する一方で、われわれ自身の——一人前の男としての——大きさをも併せて強調することが必要だろう。敵の力を過小に評価するような口ぶりは慎むべきだが、実際の戦果は手放しで自賛すべきである。

4　最後に、戦争終結のヴィジョンが、士気発揚の一要素であるという点を踏まえて、国民性の違いに関するこれまでの議論が、和平会議における問題を、どのように照らし出してくれるか見ておきたいと思う。

われわれが作成すべき講和条約は、(a)米英両国が苦難の末に勝ち得た、というものでなくてはならないし、(b)敵国側の最悪の特性ではなく最良の面を引き出すものでなくてはならない。この種の課題への答えは決して、巧みな科学的アプローチの手の届かないものではない。

さて、そうした講和条約が結ばれるとしたときに、まず想像される心理学的な障壁は、英米側の対称的パターンと、(あからさまな服従をタブーとする)ドイツ側の相補的パターンとをどう調整するのかという問題だ。イギリス人もアメリカ人も、負けた相手を苛酷な条約で縛りつけるための心理的具えを欠いている。厳しい条約を作成はしても、半年もすれば、負け犬の頭を抑えつけるようなことから足を洗いたくなってしまう。一方ドイツ人は、自分たちが「服従すべき」立場にあると見たときには、厳しい処置が与えられないと収まらない。そのような思惑の絡みが、ヴェルサイユで取り決められたような軽度に懲罰的な条約に際しても進展したのは、歴史に見る通りである。連合国側は条約を結ばせておきながらその遵守を強制せず、ドイツは受け入れることもしなかった。あのような条約は、そもそも非現実的で無益なものであり、同じような夢の図柄を繰り返し描いて、ドイツへの怒りが収まらずにいる国民の士気を高めようとするのは、無益を通り越して有害になる。それは、最終的な決着の形を曖昧にすることに他ならない。

相補型と対称型のモチーフが互いに折り合いのつかないものである以上、単純な〈支配—服従〉をモチーフとする条約は、連合国とドイツとの間に結ばれる条約としてきわめて不適当である。われわれは、これに代わる答えを探し出さなくてはならない。たとえば〈見せる—見る〉のモチーフは、どのように絡めたらよいのか。それぞれの国民は、どの役割を演じてみせることに威厳を見出すだろうか。また、戦後の食糧危機に際して、

〈養護—依存〉の関係——与える側と与えられる側とがうまく嚙み合うような動機づけのパターン——のあり方についても、十分議論すべきだ。さらに、別の選択肢として、一方が他方に服従するというのでなく、連合国もドイツも共に何らかの抽象原理に服従するという、三元の構造も可能性に入れておくべきである。

——この試論［原題 "Morale and National Character"］の初出は、Goodwin Watson, ed., *Civilian Morale* (Society for the Psychological Study of Social Issues, 1942)。導入部の一部を割愛し、版権者の許可を得てここに再録する。

■——原注

（1）チャンブリ族における性分化の問題を分析したものとしては、M・ミードの *Sex and Temperament in Three Primitive Societies* の特に第三部。また、ニューギニアのイアトムル族の成人について、性の分化を分析したものとして、G・ベイトソン『ナヴェン』も参照されたい。

（2）ここで考えられているのは、エートスの分化が男女の別に沿って起こっているケースのみである。両性のエートスがはっきりと分化していないところでは、双方のエートスが、競争や相互模倣などのメカニズムを通して互いを促進しあうと考えてよいだろう。ミードの前掲書参照。

(3) るつぼ社会で「変化」と「異種混交」が果たす役割を論じたものとして、M・ミード "Educative Effects of Social Environment as Disclosed by Studies of Primitive Societies" およびF・アレクサンダー "Educative Influence of Personality Factors in the Environment" を参照。どちらも一九四一年九月二十二日、シカゴ大学で催された「環境と教育のシンポジウム」で口頭発表された。

(4) 南太平洋では、ヨーロッパ人が現地人に対するときだけ、また現地人がヨーロッパ人に対するときだけとる特殊な行動が、非常に明確に観察される。しかし、「ピジン」語の分析を除くと、これらのパターンについての心理学的データをわれわれは持っていない。黒人—白人間で起こった類似のパターンを記述したものとして、J・ダラード *Caste and Class in a Southern Town* (1937) の、特に第十二章「黒人たちの適応の姿勢」が参考になる。

(5) G・ベイトソン「文化接触と分裂生成」(本巻所収) 参照。

(6) 山岳地帯に住むバリ島人の社会システムには、こうした二元構造がまったくといっていいほど欠けている。男女間のエートスの差もかなり希薄だし、政治が党派の抗争という形をとることもまったくない。平地では、ヒンドゥー教徒のカースト・システムの侵入によって、カーストを持つものが持たぬものから差別されるという二元化が生じている。社会構造に比べ、象徴レベルでは——部分的にはヒンドゥー教の影響と考えられるけれども——二元の構造はより頻繁に見られる。〈北東〉対〈南西〉、〈神〉対〈悪魔〉、象徴としての〈右〉対〈左〉、象徴としての〈男〉対〈女〉など。）

（7）　イギリスにおける三元関係の第四の例に、名門パブリック・スクール（チャーターハウス校など）に見られる、二つのタイプのリーダーが共存するパターンがある。一方は「モニター」と呼ばれる、もの静かで洗練された、知的な級長で、もう一方は手荒でつぶしの効く、運動面でのリーダー（サッカーのキャプテンや共同学習室の長）。モニターに呼ばれた下級生が即座に出向するよう見張るのが、後者の役目になっている。［チャーターハウス校は著者ベイトソンの出身校。］

（8）　エディプス的状況と、それに関連する文化的な「抑えつけ」のシステムが、文化によってどう変わるかという問題を一般的に論じたものとして、M・ミード "Social Change and Cultural Surrogates" およびG・ローハイム *The Riddle of the Sphinx, or Human Origins* (1934) 参照。

（9）　「競争」competition の対意語としてときどき用いられる「協力」cooperation という語は、きわめて多様なパターンを包括するものである。対称的な形でも相補的な形でも協力関係は得られるし、また二極分化を作らずに、個人的・非個人的な目的のために、各人一斉に協力体制に入るというケースもある。これらのパターンを綿密に分析するところから、国民性の議論を膨らませるための新しい用語が得られることが期待されるが、その試みに挑戦することは、本稿の範囲を超える。

（10）　しかし、イギリスでもアメリカでも、ローカルには、相補のパターンがある程度頻繁に生じるところがなくはない。ことに、少数派民族、不況地域、株式市場、政治サークルなど、長期にわたって、不確定で不安定な状況に置かれた集団では、相補性への傾きが強いようである。

(11) G・ベイトソン、人間関係協議会(Council on Human Relations)で継続中の研究。

(12) より十全な研究のためには、〈攻撃―受動〉〈所有―被所有〉〈使う―使われる〉といった、他の関係モチーフをも検討する必要がある。これらを定義するには、本論では到達できなかったレベルの厳密さが要求されるだろう。

■―訳注

＊1 幅広い研究領域から「社会心理学の父」とも呼ばれるクルト・レヴィンはベルリン大学の教授職にあったが、ユダヤ系であったため一九三三年にアメリカに移住(後に国籍取得)。戦中期には、米国社会科学研究評議会でマーガレット・ミードの主導する「食習慣についての委員会」に参加している。

＊2 ここでベイトソンは、戦中期のニューヨークで好んで聞かれていた歌と番組を挙げている。一つは、黒人歌手ポール・ロブソンによるニューディール時代の愛国歌 "Ballad for Americans." 朗々としたバリトンの美声が、独立戦争以来の国の歴史を辿りながら、アメリカを構成する二十に近い民族の名を歌い上げる。もう一つ、脈絡のない集合の代表として挙がっている "Believe It or Not" は、新聞漫画からスタートしたラジオ番組(後にテレビで人

気を博す)で、ロバート・リプリーが、世界の奇人、珍品、不思議な出来事について聞かせる総合エンターテインメント。

＊3　これら三つの非常に抽象的な関係を言葉で表すときには、あまり具体的なイメージを与えすぎないようにする配慮が、ことのほか必要になる。ベイトソンが選んだ語句は、より直訳的に言えば、観受性(spectatorship)―演示性(exhibitionism)、扶養行動(succoring)―依存性(dependence)、優越性(dominance)―屈従性(submission)だった。(七年前の「文化接触と分裂生成」では、用語はかなり違っていたし〔本巻一六八頁〕、他の論文にも、succoringに代えてnurturanceという語が使われているものがある。)訳語としては、これ以降、〈見る―見せる〉〈養護―依存〉〈支配―服従〉で通すことにする。

訳語がどうしても具体的すぎるため、特に二つの点を付記しておきたい。まず、〈見せる―見る〉関係といっても、視覚的パフォーマンスに限られず、幼児が片言の言葉をしゃべるときから、小説家と読者の関係までを広く包括するものだということ。第二に、「養護」という日本語から伝わってくる相手の無力さのイメージは不要なこと。「養護」には、「保護」(支配と結びついた養護)と「お世話」(〝上位〟のものに対する養護)の両方の意味を込めたい。伝統的なアメリカ中流家庭で夫は妻を「保護」し、伝統的な日本家庭で妻は夫を「お世話」したが、ベイトソンがsuccoringに込めようとしたのは、両者をひとまとめにした抽象的な意味である。

＊4　フロイトの「超自我・自我・イド」の三元モデルにおいては、原初的な快楽原則に基

づく「イド」を規制する「超自我」は、親の行動が無意識のうちに「取り入れられた」introjectedものとして見られる。

バリ――定常型社会の価値体系

■――「エートス」と「分裂生成」

次々と作業仮説を作っては事実に照らし合わせて検証していくというやり方で科学が必ず進歩するというのは、単純にすぎる――誤ってさえいる――見方だろう。物理学や化学では、そうしたオーソドックスなやり方を実直に守っている研究者もいるだろうが、社会科学ではそれはまず不可能だと思われる。われわれが使っている概念群からして、言ってみれば明暗法《キアロスクーロ》で描いた絵画の、輪郭を欠いた灰色のパッチのようなものだし、したがって出来てくる仮説もはっきり屹立したようなものではとてもありえず、その正否が一つの決定的な具体例で検証されるようなケースは滅多に思い描けない。

本論は、一九三六年に公にして以来手つかずのままになっている「エートス」という概念をより厳密なものにする試みである。当時「エートス」は、わたしにとって役に立つ概念ツールとして機能してくれた。それによってイアトムル文化をよりシャープに理解することが可能になった。しかし、自分が特定の研究でうまくいったからといって、他人が他の題材に適用したときにもうまくいく保証はない。自分の成功から一般的に言いうるのは、せいぜいのところ、「わたしの思考プロセスの特徴と、イアトムルの人たちの発言・行為・組織の特徴という、個性ある二者の関係を滑らかにするはたらきを、エートスという抽象概念が果たした」というあたりだろうか。わたしのマインドと集めたデータとをつなげるための、いわば触媒的なはたらきを、「エートス」が担ったということである。

『ナヴェン』の草稿を仕上げたわたしは、イアトムルの分析の中から浮かんできたその概念ツールを、別の文化に適用してみようと、すぐさまバリ島でのデータ採集に向かった。その計画が実らなかった理由の一つには、バリでマーガレット・ミードとわたしが、別の新しい道具——写真と映像による記録と記述の方法——の使用に心を奪われたことがあり、また、発達心理学を援用するテクニックを習得しつつあったことも絡んでいる。しかし、より本質的なところでは、この新しいフィールド研究に「エートス」という概念が不向きであることを、漠然とながら直感したことが大きかったと思う。

もちろん、エートスという概念が間違いだと判明したわけではない。研究の道具や方法が「誤っている」ことは、実際問題としてまずありえない。判明するのは、役立つか役立たないかで、しかもこのケースでは、役立たないという結論が出たわけでもない。エートスの分析を試みなかった以上、わたしに言えるのはこれだけだ。――まずデータと誠実に向かい合うという、すべての人類学研究に共通の第一ステップの次に来るべきものがエートスの分析だとは、あの場合思えなかった、と。

では、バリの持つどんな特異性が、わたしを「エートス」から引き離したのか。バリで収集したデータの分析によって、その問いに答えることが今は可能である。それを示すなかで、「エートス」という抽象概念を、より大きな一般性の高みにおいて捉えることが可能になるだろう。議論の過程で、研究の方法について、いくつかの知見を得られることも期待される。他の文化について記述する際にも、その記述プロセスを論理的によりしっかりしたものにして、研究の促進に資することができたらと思う。

1　イアトムル族のデータの分析から、エートスの定義として、「個人の本能と情動を組織する、文化的に平準化されたシステムの表れ」という表現が得られた。②

2　イアトムル族のエートスの分析――そこに繰り返し現れる「強調点」ないし「テーマ」を浮き立たせる秩序づけの作業――から、分裂生成の過程を認知するに至った。イアトムル社会の作動のしくみに、二つのクラスの増殖的循環(3)(いわゆる「悪循環」)が、特に浮き立って看取されたのである。二つとも、Aの行動がBの行動を刺激し、そのBの行動がまたAを刺激して当初の行動を強めるという、社会的相互作用の連鎖である。ここでAとBには、個人として行動する人間だけでなく、集団の一員として行動する人間も含まれる。

3　これらの分裂生成的シークエンスは、二つのクラスに分類することが可能である。(a)**対称的分裂生成**。AとBとの相互促進的行動が本質的に同じと認められる、競争や張り合いのケース。(b)**相補的分裂生成**。相互促進的行動が本質的に違っていても、互いに適切に嚙み合っている、〈支配―服従〉〈養護―依存〉〈見せる―見る〉等のケース。

4　一九三九年になって、対称型と相補型の分裂生成という二つの観念が互いにいかなる形式的な関係にあるかを定義づける研究に、かなりの進展があった。そのきっかけとなったのは、国際間の軍備競争を数量的に捉えるリチャードソンの等式である。(4)リチャードソンの示した一組の関係式は、わたしが「対称的分裂生成」と呼んだものを初めて近似的に数量化した試みであり、次の考えを前提としていた。――Aの行動の強さ〈リチャードソンのケースでは軍備増強率〉は、AがBにつけられている差と単純な比例関係にある。つまり刺激は「BマイナスA」で表され、これが正の値を取るとき、Aは軍備増強の行動に駆り立てられると予期される。リチャードソンの二番目の式は、優勢な軍備を持つBの行動も、Aの場合と同じ形式で〈単に項目を入れ替えただけで〉記述できることを示すものだった。この数式を見てわたしは、軍備競争に限らず、「自慢」をはじめとする単純な競争と対抗の現象はみな、軍備費のような形で数量的に把握することは難しいにしても、測定できたときには、同様な関係式で表されるだろうと考えた。

しかし相補的な分裂生成のケースになると、事情はそれほど明快でない。リチャードソンはライバル関係を表す式に、〝服従度〟submissivenessという要素を加味することで、〈支配―服従〉の関係を捉えようとしている。その式では、〝服従性〟というものが、闘争の頑張りを鈍らせ、最終的には弱者を〝負の闘争〟へと導くものになっている。しかし、それまで敵対していた相手に服従するという現象は、ある時点で突然起こるのではないか。だとすれば、正負の記号が鋭く、非連続的に逆転するような式をもってしなくては、相補的分裂生成は捉えられない。それには、相補的関係というものが、対称的関係とは最初から正負の記号が違っている、と考えることが必要になる。つまり［対称的な関係ではAの行動への刺激は、自分を基点として相手がどこまでいっているか(BマイナスA)によって決まるけれども、]相補的な関係でのAの行動は相手を基点として自分がどこにいるか(AマイナスB)によって刺激されると考えるべきだ。この仮説に立てば、片方の側の行動は自動的にマイナスの符号を伴うことになり、これは、服従に対する支配、依存に対する養護、「見る」に対する「見せる」等々の心理的なつながり方を数学的類比によって表現している点で、いたって便利である。

さらに、この表現が全体として、ライバル関係の数式的表現を打ち消すものである(刺激値のプラス・マイナスが逆転している)点も確認していただきたい。個人間・集団間の行き過ぎた相補の関係があるところでは、対称的な行動のシークエンスを取り混ぜることで、緊張が著しく緩和されるということが観察されているが、⑤その点も今の式から説明できそうである。ともかく、二つのタイプの分裂生成が互いに相殺的な効果を持つことの理由を、両者の心理的な反目に求める考え方は、魅力的な仮説であるといえるだろう。

5 性感帯と関連するモードが、(明確に数量化できないものの)すべて相補的なタイプのものである点は興味深い。⑥

6 今示唆したように、われわれの見ている相互作用が、性行為と形式的な類似にあるのだとすると、当事者のエネルギー切れというようなことではなく、何かオルガズムのようなものがはたらいて、それが一つの上限を設定しているのではないかと推測される。つまり、何らかの身体的またはニューロン的な関わりの激しさが、ある点に〝達した〟ところで、分裂生成の緊張が一気に解放されるということだ。実際、単純な張り合いのケースをいろいろ並べて考えてみても、どうもこれが事の真相ではないかと察せられる。人がなぜ、いわゆる「常識」からすれば損なのは分かりきった争いごとに引き入れられ、しかも一度入り込むと抜け出せなくなるのか、その謎を説明する一つの重要な因子が、この種の(意識的・無意識的な)解放願望を想定することで得られるのではないか。人間の抗争好きな傾向を生み出している本性のようなものがもしあるとすれば、それは何よりもこの、行き着くところに行き着いたときの緊張解除の願望なのではないだろうか。戦争の際、この因子がしばしば力をふるうことは疑いえないところである。(現代の戦争で、こうしたクライマックスの解放感を味わえるのはごく一部の人間でしかないのだが、その現実をもってしても、国民一丸燃え尽きるまで闘うという戦争に付きものの神話は、なかなかに打ち砕きがたい。)

7　一九三六年の時点で、わたしは恋愛の進展プロセスを、符号の逆転した「「マイナスの分裂」を生む」分裂生成プロセスになぞらえてみた。「何の歯止めもはたらかない恋愛の純粋形が、もしもこの世にあるとすれば、それは指数関数的な曲線を描いて進むだろう[7]」とさえ、わたしは書いている。（のちにリチャードソンも、先に挙げた論文で[8]、別個に、同様な論をより形式的なかたちで出している。）前項6の考察に従えば、グラフの形は〝指数関数的〟ではなく、クライマックスに達した後に下降するものになるが、その点さえ修正すれば、この仮説は見込みがある。分裂生成のシークエンスと、性愛に向けて高まっていく相互作用とは、しばしば心理的等価物として見られるが、そのことの説明を、クライマックス構造とオルガズム的終焉とが同じ形式的特徴を持っている点に求める説明は、少なくとも有効だろう。（格闘と性行為とが奇妙にも混同されること、オルガズムと死とが象徴レベルで同一視されること、そして、哺乳動物の攻撃用の器官が異性を魅きつける飾りとして広く使われることに注目。）

8　分裂生成的シークエンスがバリ島には見られない。この否定文は、マルクス主義的決定論だけでなく、社会を対立の構図から説きおこそうとするどの理論とも相容れないという点で、非常に重い意味を持っている。非分裂生成的な社会というものが事実存在するのだということを納得していただくために、これから、バリの社会について体系的に記述していこう。とりわけ、バリ島人の性格形成プロセスとそれから生まれる性格構造、ある程度の累積的相互作用が見られる例外的ケース、および抗争や地位分化が起こるときの処理法に焦点を当てていく。(バリ島での調査に関しては、詳細なデータを付した出版物を刊行しているため、それらをここに再録することは控える。)(9)

■――バリ島人の性格

a　バリの社会で例外的に見られる累積的相互作用のうち、もっとも重要だと思われるものが、大人(特に親)と子供との間で起こる。その典型的なシークエンスを述べてみよう。まず母親が、子供のちんちんを引っぱるなどして、戯れの行為を仕掛ける。刺激された子供は、その反応を母親に向け、二人の間に短時間の累積的な相互作用が生起する。だが、そこで子供がクライマックスに向かって動きだし、母親の首に手を回したりなどすると、母親は自分の注意をサッと子供からそらしてしまう。この時点で子供は、別の累積的相互作用(感情の激発に向けて相互に苛立ちをつのらせていくタイプのもの)を仕掛けることが多いが、これに母親はのらず、見る側に回って子供の苛立ちを楽しみ、子供が攻撃してきたときも表情ひとつ変えずにサラリとこれをかわしてしまう。これは、子供が持っていこうとする種類の相互作用を母親が嫌悪していることの表れではあるが、同時にそれが、他人とそのような関わりを持っても報われないことを子供に教え込む学習のコンテクストになっている点に注意したい。仮に人間が、累積的相互作用に走る傾向をもともと具えているとするなら、それを抑え込む学習がここでなされていくわけである。[10] バリの生活に子供たちが組み入れられていくにつれて、彼らの行動からクライマックスのパターンが消えていき、それに代わって高原状態《プラトー》——強度の一定した持続——が現れていくとの考えは有望である。性的関係の特徴については今のところ資料不足であるが、バリ社会ではトランスも諍《いさか》いも、こうしたプラトー型の行為連鎖にそって進行する傾向を持つ。これについては後のdの項で詳述する。

b　子供たちが競争と張り合いへ向かおうとする傾向が抑え込まれる例は、他にもよく観察される。たとえば、バリの母親は、わざと他人の赤ん坊に乳をふくませ、我が子がその侵入者を躍起になって引き離そうとするのを見て楽しむということを、よくする。[11]

c　バリ島の音楽、演劇、その他の芸術形態の一般的特徴として、クライマックスの欠如が挙げられる。音楽に関して言えば、その進行は形式的な構造の論理に基づいており、強度の変化は、これらの形式的関係の進展と持続時間によって規定される。近代の西洋音楽に特徴的な、強度を次第に増しながらクライマックスへと盛り上がっていく構造はなく、むしろ形式に沿った進行を特徴とする。[12]

d　バリ島の文化には、争いごとを処理する技術が確固として存在する。諍いを起こした二人はきちんと地区の代官のもとに出頭して、その事実を登記し、こののち最初に口を出した方のものが、科料を払うか、神に奉献することに同意する。この取り決めは、諍いが収まった時点で正式に破棄される。この措置は「プイッ」*puik*と呼ばれ、小さな子供の喧嘩にもこれを小型にした措置がとられる。ここで重要と思われるのは、当事者の憎しみを取り除いて友好関係に導き入れようという意志がはたらいていないという点だ。むしろこれは、互いの敵対関係を正式に確認する、さらに言えば、関係を一定の敵対状態に凍結する、試みのようである。この解釈がもし正しければ、バリ島では諍いの処理にも、クライマックスをプラトーで置き換える方式が採用されているということになるだろう。

e　戦争に関して筆者は、むかしの領王《ラージャ》間の戦いを現代の人々がどう捉えているか、コメントを採集して回ったが、それによると、少なくとも当時（一九三六―三九年）のバリの人たちが、戦争というものの中に、衝突防止の要素を数多く含めて考えていたことが明らかである。古い防壁と濠《ほり》に囲まれたバユン・グデの村民は、その役割をこう語った。「あんたとわたしが喧嘩をする。あんたは家のまわりに濠を作る。あんたをやっつけようと思って行ってみると濠がある。これではどうにも戦いにならん。」ここにあるのはいわば、一つの要塞線を双方が共有するという心理だろう。なおバリでは王国間の境界地域が、流浪の民や追放された人たちだけが住む、見捨てられた荒れ野原になっているが、このことも同様な考えから説明できそうだ。(十八世紀初頭に、カランガスム王国が、隣のロンボク島を征服したときの軍国主義的な行動には、まったく違った心理がはたらいていたようである。その問題に立ち入った調査は行なっていないが、今日、ロンボク島に住むバリ人は、行動の時間的展望《パースペクティヴ》が、バリ島に住むバリ人の場合と際立って違っているという点は確認することができる。(13))

f 相手を自分の話に引き入れようとするテクニック――雄弁術その他――が、バリの文化にはまったくと言っていいほど欠如している。相手の注意を長く自分の話に引き止めておくことも、演説をして集団の感情を盛り立てようとすることも、忌むべきこととされており、実際それをしようにも、相手の注意がすぐに散漫になってしまうので意味がない。物語を語るときも、語り手は語り続けることをせず、一つか二つのセンテンスを語ったところでポーズを置いて、誰かが筋の細部について具体的に聞いてくるのを待ち、それに答えながら物語を続けていくのが普遍である。こうして相互作用の関連性の連鎖を断つことで、累積していく緊張を逸らしている、と考えることができる。

g 社会の基本的な階層構造は、カースト・システムと、(寄合を構成する)正村民同士の上下関係とであり、これは非常に堅固である。どちらにおいても、地位を争うライバル関係を生じさせる状況《コンテクスト》は存在しない。何かの不祥事を起こしたものが、地位に伴う資格を停止される処分を受けることはあるが、その場合も当人の格づけ自体は不動であり、のちに正規の状態に復帰を認められたときは必ず、他のメンバーとの上下関係が前と同じになる地位へ戻るのである。[14]

以上、バリ島社会に関する概括的な記述を並べてみたわけだが、右の各項はそれぞれ、「なぜバリの社会は分裂生成的でないか」という、ネガティヴな問いに対する答えの一部をなしている。これらの断片を合体して得られる社会全体の姿は、われわれ自身の社会とも、イアトムル族社会とも、ラドクリフ＝ブラウンの理論が対象にした対立的社会システムとも、マルクス主義的な分析に基づいて想定されるあらゆる社会構造とも、明確に異なったものだといわなくてはならない。

われわれは、人間には累積的相互作用にのめり込んでいく傾向があるという仮説から出発した。その妥当性は、まだどこも崩れてはいない。バリ島でも、少なくとも幼児は明らかにそのような傾向を示すわけだ。しかし、この仮説が社会学的検証に耐えうるには、一つの条項が書き加えられなくてはならない。すなわち、成人期にその傾向が表出しないようにするための訓練が幼少期に行われない限り、累積的相互作用が、成人社会の動力学《ダイナミクス》として顕在化する、と。

累積的な相互作用に向かう人間の性向が、何らかの修正なり、負の条件づけなり、抑制なりを被ることがあるという発見によって、われわれは、人間の性格形成過程の広がり《スコープ》についての知見を新たにしたことになる。⑮そしてこれは、意義ある前進ではないだろうか。いまわれわれは、なぜバリ島の文化が分裂生成的でないか、なぜ社会組織のさまざまな細部――ヒエラルキーの不動性、諍いの処理機構等々――において、分裂生成のパターンが嫌悪されるかということの答えを得たわけである。といってもこれはみなネガティヴな形式の問いへの答えなので、そこから進んで、バリ島社会のダイナミクスがどのようなものであるかについて検討していこう。

■――バリ島人のエートス

その第一ステップとして、バリ島の人々のエートスについて考える。彼らの複雑で豊かな文化的営みを支える動機と価値観は、実のところ何なのだろうか。競争その他の累積的相互関係が見られないとしたら、彼らの念の入った生のパターンを生み出す原因は、どこに求めたらいいのか。

1　バリを訪れればすぐに気づくことだが、彼らの文化的営みは、獲得欲やなまの生理的欲求によって推進されてはいない。彼ら(特に平地の住民)の生活は、飢えと貧困にうちひしがれたものではなく、食物は無駄にするし、また活動の非常に大きな部分を芸術と儀礼に当てている。単に非生産的であるばかりか、富も食糧も派手に消費する活動にいそしんでいるのである。ここに見られるのは、「貧しさ」の経済ではなく、「豊かさ」の経済なのだ。彼らの中にももちろん「貧者」と見なされる人たちがいるけれども、貧しくても飢えの脅威にさらされることはない。西洋の大都市にはときどき本当に飢える人間が出ることを聞かされると、彼らは驚きのあまり言葉を失うほどである。

2　商売においては、非常に些細な利益にこだわる「がめつさ」を見せる。ところが、儀式に臨むときなどは、大金を実に気前よくはたく。まるで"penny wise, pound foolish"[一文にこだわって一両を失う]という諺を地で行くかのようである。自分の資産を殖やせるだけ殖やそうといつも考えているものはきわめて少数であって、その少数の者は、まわりから嫌われ、あるいは「変わり者」のレッテルを張られる。大多数の人間の持つ「がめつさ」とは、限られた期間の中で限られた額を貯める行動にほかならない。けちをして貯めこんだものを、祭りのときに一気に放出するというのが彼らの経済行動のスタイルなのだ。したがって、バリの経済を記述するときには、個人による最大利潤の追求を基本前提として据えることはできない。喩えるのであればむしろ、生理学や工学における弛張発振[*1]だろう。このアナロジーは、バリ島人の金銭感覚を数量的・図式的に分析する人間にとって便利なだけではない。彼ら自身、これらのシークエンスを何かそのような形式を持つものとして捉えているのである。

3 バリの人々は、方位への依存の度合が際立って高い。東西南北がどちらか分かっていないと、いつもの行動がとれない。車に乗せて、うねった道を走り、方向感覚を失わせてしまうと、島の中心をなす山のような主要な指標によって方位を知るまでは、たとえば踊り子も踊れなくなることがある。彼らはまた社会的にも、正しい〝向き〟が得られるまでは、うまく立ちふるまうことができない。この〝向き〟は平面上のものではなく、ふつう垂直的に捉えられるものである。たとえば二人の見知らぬ人間が出会ったとき、カーストの上下関係が判明するまでは、会話もうまく進まない。そのとき一方が他方に尋ねるのが、「どこに坐られますか」という問いである。その人の坐る「座」というのが、カーストを表す比喩になっているわけだ。「座」の上下によってどのような礼儀作法と敬語を用いればよいかが了解され、会話が進行することになる。それが決まるまでは、しゃべるにしゃべれないのだ。

4　先に見た、限られたサイクルでの蓄財行為のようなものを別として、バリの人々の活動は、目的的でない。つまり彼らは、設定された目標との関わりではなく、現在の行動それ自体に価値を置いて動くのが標準である。絵師、踊り子、楽師、祭司等によるプロフェッショナルなサービスを受けた場合、金銭を払いはしても、実労時間と実費に見合う額が支払われることは稀である。手渡されるのは、文字通りありがたさの「しるし」であり、劇団であれば、公演を公演として意味づけるものであって、一座の経済的基盤を支えるものではない。そうした「心づけ」は、収入として蓄えられはしても、実際にたとえば新しい衣裳を購入するという場合には、一座のもの全員がかなりの額を出し合わなくてはならないのがふつうである。寺院の祭りの度に村人が持ち寄る巨額の奉納についても同じことが言える。あれほどの出費をし、あれほどの芸術品に取り組みながら、その行為はどんな「目的」とも結ばれていない。縁日の寺院に、花と果物の壮麗な芸術品を立てたからといって、祭られた神が御利益をもたらしてくれるわけではないし、それが貧弱なものだったからといって、災いが振りかかるわけでもない。そこにあるのは、未来に照準を定めた目的遂行型の行為ではなく、その時々にふさわしいことを、村の衆全員で精一杯美しく執り行うことに見出される、直接的・内在的な充足なのである。

5 一般的に言って、大勢の人間が一緒に忙しく立ちふるまうことを喜びとする感覚が顕著である。[16] 逆に、他人からつまはじきされることが非常に大きな苦痛となる。村八分をほのめかすことは、最大の制裁効果を発揮する。

6 バリ島の人々の行動を説明するときには、個人の目標や価値観を見ていくより、むしろ集団に照準を合わせた、社会学的なアプローチをとる方が、明確な説明が得られる。[17] これはたいへん興味深い点である。

特にその行動が、「寄合」(正式村民全員によって構成される、身分階層を織り込んだ組織)に関係するものであるとき、この特質はきわめて顕著だ。この組織は、世俗的には「お村さま」*I Desa*(*I* は英語の Mr. にあたる敬称)と呼ばれ、その事細かな規則や手続きは、この抽象的人格との関連で説明される。同時に村は、「村本尊」*Betara Desa*(*Betara* は神を呼ぶときの敬称)とも呼ばれ、この神に対して社《やしろ》が建立され、供物が捧げられる。(この点、バリ島文化の理解には、デュルケーム的な宗教社会学の方法で臨むのがふさわしいように思われる。彼ら自身、そのアプローチを当然視するのではないか。)

ことに、村全体の財政収支に関わる活動はすべて「お村さまが損をしない」(*Desanne sing dadi potjol*)という大原則によって律せられている。たとえば、村有の畜獣が外に売られるとき、この原則が適用されるため、購入時に支払った額、あるいは標準として定められた額を、売値が下回ることは決してない。(これが、村の利益の最大化ではなく、その最低線の確保のための決まりである点に注意。)

社会的なプロセスに関する彼らの特異な意識が、明瞭に見られる例を紹介しよう。経済的に貧しい男が、寄合の中の高い地位につくための大事な通過儀礼を執り行うことになった。これは大変な出費を伴うものである。その費用を出さなかったらどうなるのか別の男に聞いたところ、まず返ってきたのは、「もしどうしても払えないのなら、お村さまが貸してくれる」という答えだった。さらに「式を拒んだらどうなるのか」と切り込んでみたところ、「そんなことをした人間はいないが、一人でもそんなものが出たら、もう誰も式をやるものはいなくなるだろう」という答えだった。いま自分たちが進行させているこの文化プロセス自体に価値がある、という思いが支配していなければ、こういう答えは出てこないだろうし、実際に拒否する人がいないという状況も生まれないはずである。

7　文化的に「正しい」*patoet* 行いは、人々から積極的に是認され、美的にも評価される。「許容される」*dadi* 行いは、基本的にニュートラルに価値づけられる。「許容されない」*sing dadi* 行いは蔑まれ、避けられる。――この一般則は多くの文化に翻訳可能なものだろうが、一歩突っ込んで、まず *dadi* の意味するところを探ってみると、それはわれわれが「エチケットや法にかなうこと」として捉えていることとは等価でない。「エチケット」も「法」も、世間や社会の下す価値判断と直結するが、バリの人々が行いを *patoet* と *dadi* と *sing dadi* とに分類するときに社会的あるいは超自然的権威者が想起されることはない。「なになにが *dadi* である」というのは、むしろ、「そういうときには、みんなそうやるものだ」という、絶対原則に訴える言い方なのである。⑱ カーストのない人間が、王侯に「きらびやか」でない言葉で話すのは「あるまじき」ことであり、生理中の女性が寺院に入るのも同様にあるまじきことなのだが、そのとき、王や神がお怒りになることはあっても、神なり王なり民なりが規則を設けたという感覚はない。誤りは、それによって傷ついたり機嫌を損ねたりする当人に対してではなく、宇宙の理と自然の掟に対して犯されたと感じられるのである。だからその侵犯者は、⑲ 近親相姦のような、村八分の処分にもなるほど「道を外れた」行為をしでかしたものでも、「馬鹿」な、「ドジ」な奴という以上の誹《そし》りを受けることはない。「性悪者」というよりはむしろ「運の悪い者」*anak latjoer* なのであって、その不運がいつ自分に回ってくるか分からない、という捉え方を彼らはするのである。さらに強調しておくべきことは、正しい、あるいは許容される行いを規定するパターン(ことに言葉づかいのそれ)がとてつもなく複雑であるために、バリの人々はつねに(家族の間でさえ、ある程度は)誤りを犯しはしないかという不安と共に暮らしている。しかも、その細則は、個条書きに整理できたり、感情的な態度に還元できたりする性格のものではない。相手がどう感じるかとか、それがどのような尊敬の気持ちを示すかというレベルの心づかいで太刀打ちするには、あまりにも微に入り細をうがった規則なのである。きつく張られたロープの上を、いつ足を踏み外すかと恐れながらバランスを取って進む、そんな綱渡りの人生をバリの人々は日々生きているといえるかもしれない。

8　いま用いた「姿勢のバランス」という比喩は、バリ島文化の多くのコンテクストに当てはまる。

(a)支えを失うことの恐怖は、バリの子供たちの生における重要なテーマである。⑳

(b)差し上げること(と、それに付きまとう身体的・隠喩的なバランスの問題)が「尊敬」と表裏一体の関係にある。㉑

(c)バリの子供は、位の高い人間か神であるかのように高い位置に差し上げられる。㉒

(d)実際に体が差し上げられる場合、㉓全体のバランスを保つ役目は、下で支える側が担うことになるが、方向の指示は、上に乗ったものに任せられる。この写真の女の子は、トランス状態のまま男の人の肩の上に乗っているのだが、望む方向にちょっと体を傾けるだけで、男の足がついてくる。そうでないとバランスが崩れてしまうしくみに、システム全体がなっているのだ。
(e)われわれが収集した千二百体の彫刻のうち、バランスの問題へのこだわりを示しているものが、大きな割合を占めている(24)。
(f)バリ島の「魔女」は「恐れ」の人格化であるが、多くの場合カパール *kapar* と呼ばれる、バランスを失した姿で表現される。これは、両腕を頭より少々高い位置に持っていった格好で、突然ヘビを見てココヤシの木から落ちる人間の姿とされている。
(g)白人の到来以前の時代を、バリの慣用表現では、「世界がつり合っていたころ」(*doegas goemine enteg*)という。

■――バリ島版、ゲームの理論

以上、バリの人々のエートスについて、それを構成するごく限られた数の要素を列挙してきたわけだが、このささやかなリストからも、理論的にきわめて重要な問題を引き出すことが可能である。まずは抽象的な言葉で、問題の輪郭を描いておこう。われわれは社会のメカニズムについて考えるとき、ほとんどの場合、社会を構成する個人が何らかの変数をできるだけ大きくする方向へ動くと考え、それを前提として社会機構のダイナミズムを記述していく。現在の経済理論にしても、個々の構成員がそれぞれの持つ経済的価値の最大化を目指して動くことを前提としているし、分裂生成理論も、「威信」「自尊心」など(「服従性」さえ含む)無形の、しかし単純な、変数の値をできるだけ大きくしたいという気持ちが人々にあることを暗黙の前提としていた。ところがバリの人々は、その種のどんな単純変数についても、その最大化を目指すことはない。

バリの文化システムと、最高を目指す個人間の競争の上に動くシステムとの違いを図式的に捉えるために、ここでフォン・ノイマンの考察した純粋な競争のシステムをモデルとして導入したい。この〈ゲーム〉の基本ルールに、どんな変更を加えていったら、バリにおける生のルールにもっとも近いものができるだろうか。

1　フォン・ノイマンの「ゲームの理論」においてプレイヤーは、(金銭のように)量に正比例してその価値が増加していく価値システムにそった動機づけを受けることに決まっている。その戦略は、(a)仮想上のゲームのルールと、(b)プレイヤーの知能、という二つのファクターによって決定される。(プレイヤーの知能は、ゲームの中の問題のすべてを完璧に処理するに十分なものであると仮定されている。)このようなシステムは、ゲームの進行の一切がルールとプレイヤーの頭数だけに左右されるとき、プレイヤー同士の間に、数理的必然によってさまざまな結託を形成する。[*2] フォン・ノイマンの分析は、主としてこれらの結託の構造と、メンバー間での価値の分配に焦点を絞ったものだ。この結託システムと人間社会の組織との類比を取っかかりに、このゲームと現実の人間行動とを比較するところから問題に入っていきたい㉕。

2 フォン・ノイマンのシステムと人間社会との相違点。

(a)ゲーム理論のプレイヤーは、最初からその知性に欠けるところがないのに対して、人間は知を身につけていく存在である。生きた人間がプレイする場合には、ゲームのルール、および結託の作られ方を左右する慣例的なきまりが、個々のプレイヤーの性格構造に組み入れられていく点を考慮しなくてはならない。

(b)哺乳動物の価値スケールは、単純でもなければ単調《モノトーン》[*3]なものでもなく、圧倒的に複雑なものであるかもしれない。身体の生理のレベルに限っても、ビタミンの値をカルシウムで置き換えたり、酸素の不足をアミノ酸で補うわけにもいかない。さらに動物たちは、それぞれの必要な品目のどれに関しても、その供給を最大化しようとはせず、上限と下限の間の一定範囲内にあることを価値としている。「過ぎたる」は「及ばざる」がごとく有害なのだ。しかも哺乳動物の好み preference は必ずしも推移的[*4]ではないように見える。
(c)〈ゲーム〉のシステムでは、一回の勝負の中で打たれる手の数は有限である。それぞれのプレイヤーがいつも確かな戦力的見通しを持っていられるのも、限られた時間内に起こりうる出来事だけに備えていればよいからだ。このプレイヤーの頭の中には、ゲーム終了時までの間の出来事しか入っておらず、その仕切りに達した時点でそれまでの得失を清算し、過去をすべて払拭したうえでゼロから新しいゲームを始める。人生のゲームでは、そうした仕切りが存在しない。先に進むに従って、未知の因子が(おそらく累乗的に)増加するばかりである。
(d)〈ゲーム〉のプレイヤーは、敗北によって落後者となることもなければ、退屈してゲームを降りることもない。ゲームの先行きが、確率的に、完全に掌握できているにもかかわらず、負ける方も勝つ方も、先の見えた戦いを最後まで戦っていく。
3　フォン・ノイマンのシステムと生きた人間のシステムとのさまざまな違いのうち、ここでは価値のスケールの違いと、〝死〟の可能性についてのみ考慮する。他の違いに関しては、意味深いものであろうと、議論の単純化のため考察の枠外に置く。
4　人間も哺乳動物として、基本的には多元的で、最大化を目指さない価値体系の中に生きている。しかし、奇妙なことにこの動物は、金、信望、権力などの変数に関し、その値が大きければ大きいほどいいというコンテクストに自ら収まることがある。

5　動物たちの多元的価値体系が一次的《プライマリー》なものだとすると、たとえばイアトムル族の社会組織を前にして問われるべき問題は、単に、彼らの価値体系を引き出して個人の行動を説明することだけではない。同時に、そもそも哺乳動物である彼らが、社会化されていく中で、いかにして彼らの価値体系の中に身を置くようになったのかという問題にも答えなくてはならない。人類学者のそのような問いかけは、遺伝心理学からの攻撃に遭うのが通例なので、われわれとしても、社会組織に内包される価値体系が、子供の性格構造の中に、どのようにして植え付けられるのかを示すデータの収集を進めてはいる。しかし、別のアプローチとして、フォン・ノイマンが示したような理論的な方法も有効ではないだろうか。つまり、学習の現象は一旦わきにのけて、〝ルール〟と結託のシステムとをまず設定し、それに必然するコンテクストの戦略的な意味合いに問題を絞り込むという方法である。その際に重要になってくるのが、競争のコンテクストは複雑な価値体系を保てないという事実だろう。今自分が競争のコンテクストに置かれているという理解が成り立っているかぎり、そこには必然的に、きわめて単純な、直線的 linear で単調 monotone ですらあるシステムが現れてくる。(26)この方面での考察をさらに詰めていき、そこから導き出せる規則性に、性格形成の研究から得られる規則性を組み合わせることで、われわれの課題、すなわち「哺乳動物の土台に、いかにして、イアトムル族や二十世紀アメリカの張り合い型社会に見る単純な価値体系が乗るのか」という疑問への答えを組み上げていくことができるのである。

6　他方、バリ島文化では、事情が大幅に異なっている。個人も村全体としても、単純な価値変数の値を一方的に高めようとはしない。そうではなく、なにか「安定性」とでもいうような高次元の変数の最大化を図るのである。（量的変数の中で、単線的な上昇を示すように見えるものが一つある。村が個人に課す科料の額だ。はじめの額は大抵の場合わずかなのだが、支払いが遅れたとなると、多額の滞納金が課せられ、支払いを拒否する——「村に背く」——ようなそぶりがわずかでも見られたときには、一挙に巨大な額に引き上げられる。そして、村への抵抗をあきらめるまでは、共同体のメンバーシップを剝奪されるのである。そのとき折れて村に従うならば、科料も一部免除されることがある。）

7　ここで、一つ仮想上のシステムを考えてみたい。フォン・ノイマンの「ゲーム」における互いに同等なプレイヤー集団に、一名の審判を加え、この審判が集団の安定を保つように動く、というシステムだ。さらに、プレイヤーに経済的破綻の可能性を与え、審判には、ゲームのルールと、プレイヤーが「賭け」に出たときの成功の確率を調整する権限まで与えることにする。このとき審判とプレイヤーの間には、たえずある程度の摩擦が生じることになるが、システムの定常的な均衡は保たれるだろう。つまりこのシステムは、単一の単純変数の最大化が阻止される可能性の最大化に向かって進むことになる。

8 ロス・アシュビーは、厳密に数学的な議論によって、次の三点を指摘した。[27] (a)複雑な相互作用システムでは、その中の変数が一方的に増長するのを抑え込むことが、システムの定常状態 steady state と恒常性維持のために重要であること。(b)どんな変数も継続して増加し続けると、システムに非可逆的変化が現れ、システムのはたらきが制限されること。(c)そのようなシステムにあっては、十分な可動幅を持った変数をいくつか確保しておくことが非常に重要であること。調速器のボールが遠心力に応じて自由に揺らぐことができなくなれば、そのエンジンの定常的な作動を維持することは難しい。同じことはバランス・ポールを持って綱渡りする人間にもいえる。彼の身体のバランス(恒常性)は、ポールに加わる力の絶え間ない変動から得られているのである。

9 先ほど7に示したモデルを、バリ社会のモデルとして通用するものに近づけるために、まず「審判」を、プレイヤー全員からなる「寄合」に置き換える。そうしてできたシステムのふるまいは、綱渡りの芸人に(いくつもの点で)喩えることができるだろう。

その構成員は、ふだんは単純な競争原理に従った戦略の中で動いていても、ひとたび寄合の一員として発言するときには、システムの定常性の維持のために——つまり、何らかの変数が一定限度を超えて増加し、システムに非可逆的な変化を生じさせることのないように——協力し合うわけである。

10　これをさらにバリの社会に近づける方法は、明らかだろう。寄合で発言するときだけでなく日常のつきあいの中でも、システムの定常状態を保つように動く、そのような動機づけの諸因子を、プレイヤーの性格構造の中と、彼らの日常のさまざまな場面に入れて考えることだ。これらの因子は、実際バリ島で観察されるものである。本論で並べた「バリ的性格」とは、まさにそれらにほかならない。バリの社会がなぜ非分裂生成的なのかという分析の中で、われわれは子供たちが累積的相互作用の——つまりある種の単純な変数の一方的上昇の——避け方を学習することを確認したし、社会組織と日常生活のコンテクストが競争的な相互作用を防止するように出来ていることを確認した。さらに、バリの人々のエートスを分析する中で、(a)明確で不動の身分づけと空間の方向づけ、(b)バランスの獲得と保持に資する動き、に繰り返し高い価値が置かれていることを見た。

要するに、バリ島の人々は、身体のバランス感覚を敷延して人間関係に押しあて、しかもバランスのためには動き続けることが必要だという考えに導かれているようである。その後者の点は、なぜバリの社会が単に機能するだけでなく、急速な作動のしかたをしているか――経済性にも、競争の原理にも従っているわけではないのに、なぜあれほど忙しく儀式と芸術の仕事に打ち込むのか――という疑問への答えの一部になっていると思う。バリ島では、発展的でない変化を次々とつないでいくことで、定常状態が確保されているのだ。

■――分裂生成システムと定常型社会

社会システムの二つのタイプに関して、これまで両者の対照が明確になるように、図式的な概説を行なってきた。どちらの系も、発展的・非可逆的変化に走らずにいるかぎりは、定常状態を保つことができる。しかしその安定を作り出すためのシステム制御の方法は、根本から違っている。

分裂生成システムの原型として、本稿ではイアトムル族の例を使っているが、このシステムにはいくつかの増殖的(いわゆる「悪循環」をもたらす)因果回路が見てとれる。累積的な相互作用を構成するのは二人以上の個人(または集団)で、彼らは、それぞれがシステムのエネルギー源となっている。つまり、反応のエネルギーは外的な刺激からではなく、電気回路でいえば「リレー」に相当する、当人の代謝から得られるのである。[*5]ということは、外から制御されないかぎり、このシステムの中ではつねに、分裂生成的な行動が一方的に高まっていく危険を抱えているということだ。したがって、人類学者がこのシステムの特質を(単に質的にであれ)把握しようとするときには、以下の心得が必要になってくる。

1　分裂生成に巻き込まれているのが誰(またはどんな集団)かを見極め、彼らの間に存在するコミュニケーション・ルートを決定する。

2　その分裂生成を特徴づけている行為と、そのコンテクストの種類を決定する。

3　それらの人間が、それらの行為へ心理的に引き入れられていくプロセスを決定する。あるいは(またはそれに加えて)、それらの行為を彼らに強いるコンテクストを明らかにする。

4　その分裂生成を抑止する機構または因子を決定する。抑制因子は、少なくとも三つの明確なタイプに分かれると思われる。

(a)分裂生成の上に、縮退的[原注3参照]な因果ループが重ねられて、分裂生成の強度があるところまで達すると、なんらかのかたちでの拘束がはたらくケース。西洋諸国の自由競争経済に政府が介入してくるというのは、この一例である。

(b)これまで見てきたような分裂生成とは違って、社会に亀裂を入れるのではなく、むしろその統合を促進する方向に進んでいくタイプの累積的相互作用。

(c)抑制因子が、分裂生成回路の内的・外的な環境に具わっているケース。分裂生成が軽度のときにはごくわずかの拘束作用しか発揮しない因子が、強度の増大に伴って、強い拘束となる場合がこれである。摩擦、疲労、エネルギー供給の限界などは、そうした因子の例に挙げられるだろう。

バリの社会は、それらの分裂生成システムとは際立って異なるタイプのメカニズムをなしており、それを人類学者が記述するときにも、まったく違った手順を踏まなくてはならないが、そのためのルールは、いまだまとまっていない。「非分裂生成的」というまとめ方は、一つの集合の外部を名ざすものであって、そこに含まれるものが何らかの共通特性を持つと見なすことはできない。ただ、バリ島文化を対象に進められてきたこれまでの分析の道筋を追ってみるとき、われわれが踏んだ次の手順のうちには、同種の文化の分析に応用できるものがありそうだということは言えるだろう。

1　バリでは分裂生成的シークエンスが稀であることが観察された。

2　分裂生成的シークエンスが生じる、例外的ケースが検討された。

3　それによって以下の二点が明らかにされた。(a)社会生活に繰り返し生じるコンテクストが、累積的相互作用の進展を抑え込む性質のものであること。(b)子供たちが通過する経験の中で、他人との相互作用においてクライマックスを希求しない方向へのしつけがなされること。

4　バランスに関係する何らかのプラスの価値が、文化内に頻出し、またそれが子供期に性格構造の中に取り込まれること、さらに、これらの価値が定常状態の維持に積極的に関わるものであることが示された。

5　この文化システムの自己修正的な特性について、より総合的な議論を展開するには、さらに細部に立ち入った研究が必要になる。個人のエートスを持ち出すだけでは、定常状態維持のメカニズムを語りえないことは明白だ。現に、逸脱的な動きが起こったとき、「村」なり何なりが、それを制御する動きを取ることが観察されている。これらの制御機構の実例を集め、その作動方法を解明していくのが今後の課題となるだろう。ただ、一つ明らかに言えるのは、それが間欠的にはたらく制御であり、分裂生成型のシステムではたらく連続的な抑制作用とはカテゴリーを異にするという点である。

——本論[原題 "Bali: The Value System of a Steady State"]の初出は、Meyer Fortes, ed., *Social Structure: Studies Presented to A. R. Radcliffe-Brown* (Clarendon Press, 1949)。執筆にあたってはグッゲンハイム財団より援助を得た。

■——原注

(1) G. Bateson, *Naven*, Cambridge Univ. Press, 1936.

(2) 同書 p. 118.

(3) 「増殖的」regenerative／「縮退的」degenerative という用語は、コミュニケーション工学から借用したものだが、それぞれの定義を示しておくのがよいかもしれない。「増殖的」循環(別名「悪循環」)とは、変数Aの増加がBの増加をもたらし、Bの増加がCの増加をもたらし、以下同様にしてNの増加がAの増加をもたらすように連結した変数の連鎖一般に対する呼称である。このシステムは、十分なエネルギー源があり、外的要因が許すならば、作動の速度または強度を一方的に上昇させていく。「縮退的」(別名「自己修正的」self-corrective)循環がこれと異なるのは、変数間の連結の中に、少なくとも一カ所「Mの増加がNの減少をもたらす」タイプのものを含んでいる点である。後者の例として、屋内温度調節用サーモスタットや、調速器のついた蒸気機関が挙げられる。物理的なつくりは同じでも、負荷量や、回路を伝わる衝撃の頻度、および回路全体の時間的特性によって、増殖的回路にも縮退的回路にもなりうるケースが数多くあるという点を注記しておこう。

(4) L. F. Richardson, "Generalized Foreign Politics," *British Journal of Psychology*, Monograph Supplement, No. 23, 1939.

(5) *Naven*, p. 193.

(6) E. H. Homburger, "Configurations in Play," *Psychoanalytic Quarterly*, No. 6, 1937, 139-214. この論文は精神分析学の仮説を、より厳密な言葉で記述しようとする一連の試みの中でも最も重要なものの一つである。筆者は、諸々の性感帯のそれぞれに適した〝モード〟——「侵入」「包合」「保持」等々——を挙げて、それらが一つのゾーンから別のゾーンへ転移していくようすを示し、さらに、これらの転移したモードの可能な順列・組み合わせの図表を作成した。この図表は、(異なった文化で散見されるような)きわめて幅広い性格構造の類型について、それが発達していく経過を的確に記述する手段となるものである。

(7) *Naven*, p. 197.

(8) 原注4参照。

(9) 特にG. Bateson and M. Mead, *Balinese Character: A Photographic Analysis*, 1942を参照されたい。[邦訳『バリ島人の性格——写真による分析』(外山昇訳、国文社、二〇〇一)。]

(10) 同書、図版47「刺激と欲求不満」、および同書のM・ミードによる記述三一—三六頁[邦訳三二—三五頁]参照。[参照すべき図版47は、上半身裸の母と、彼女に抱かれた幼い男児との間に起こる、累積を否定する(どこまでいっても愛情が絶対に頂点に達しない)相互作用の経過を九枚の連続写真によって示す。『バリ島人の性格』(邦訳、三三二頁)から、マーガレット・ミードの記述を一部引用しよう。「これは、断ち切られた連続のつらなり、到達されなかったクライマックスのつらなりとでもいうべきものである。(…)赤ん坊がうまく乳を飲めないと、母親は乳首でその子の唇をくすぐる。だが赤ん坊の口がしっかりと乳首をふくみ、乳を吸いはじめるとたちまち、興味のかけらもないようすでよそを見てしまう。」]

(11) 同書、図版49「借りた赤ん坊」、52と53「メン・シンギンとその息子」、69—72「張りあうきょうだい」参照。

(12) コリン・マクフィーによる"The 'Absolute' Music of Bali," *Modern Music*, 1935 および *A House in Bali*, 1947 参照。

(13) G. Bateson, "An Old Temple and a New Myth," *Djawa*, Vol. 17, Nos. 5-6, 1937 参照。[再録 Jane Belo, ed., *Traditional Balinese Culture* (Columbia Univ. Press, 1970), 111-136.]

(14) M. Mead, "Public Opinion Mechanisms among Primitive Peoples," *Public Opinion Quarterly*, Vol. 1, Issue 3, 1937, 5-16 参照。

(15) 人類学では通例だが、こうしたデータは、そこに関わる学習プロセスの性質を知る手掛かりとなるほど厳密なものではない。人類学に可能なのはせいぜい、この次元の問題を提起することである。次のステップは、ラボでの実験に委ねられなくてはならない。

(16) 『バリ島人の性格』、図版5「人混み(ラメ)」参照。

（17）*Naven*, p. 250以降。民族の中には自分たちの行為を社会学的な枠に入れて意識するものもあるという可能性をなおざりにできない、との考えが述べられている。
（18）*dadi* という語はまた、社会的地位の変化を表す繋辞《けいじ》としても使われる。*I Anoe dadi Koebajan* とは、「誰それが村役人になった」という意味である。
（19）原注14参照。
（20）『バリ島人の性格』、図版17「バランス」、67「バロンと空間の恐怖」、79「子守をする子ども」参照。
（21）同書、図版10―14「高さと尊敬」参照。
（22）同書、図版45「神としての子ども」参照。
（23）同書、図版10の3「高さと尊敬Ｉ」参照。
（24）いまの段階では、厳密な数量化によってこれを示すことはできない。ここに述べたのは主観的判断であり、西洋人の感覚に拠ったものである。
（25）この類比は、別の方向から探っていくことも可能である。社会システムというものは、フォン・ノイマンとモルゲンシュテルン（『ゲームの理論と経済行動』）も指摘しているように、一つ以上の人々の結託が、お互い同士および自然環境を相手に行なっている、非ゼロ和ゲームに喩えることができる。このゲームが「非ゼロ和」の特性を持つのは、自然環境から常時、価値が引き出されているからだ。バリ島社会にしても、それが自然を搾取しているかぎりにおいて、環境と人々とを一まとめにした大きな存在と、人々の間に結託が必要になるゲームとの間に、類比が成り立つことは明白である。しかしこのゲーム全体のうちの人々のみからなる部分が、結託の形成をことさら必要としないものに収まったとしても不自然ではない。つまり、わたしの指摘したいのは、人々の間の関係の〝ルール〟が、フォン・ノイマン言うところの「非本質的」non-essential なタイプのものになっている点で、バリ島社会が、他のほとんどの社会と異なっているのではないかという可能性である。その可能性を追求することは、しかし、本論の範囲を超える。

(26) L. K. Frank, "The Cost of Competition," *Plan Age*, Vol. 6, 1940, 314-324.

(27) W. R. Ashby, "Effect of Controls on Stability," *Nature*, Vol. 155, No. 3930, February 24, 1945, 242-243.

■──訳注

＊1　弛張発振 relaxation oscillation の分かりやすいモデルとして「鹿威《ししおど》し」がある。竹筒内の水かさが徐々に増していくと、ある時点で一挙に放出が起こる。この原理を、コンデンサーの蓄電─放電に置き換えた回路が広く利用されている。

＊2　「結託」の原語は coalition. たとえば、四人で行うゲームなら、一人ひとりが残りの全員を相手にするのか、二対二で組むのか、それとも三人で結託して残りの一人から巻き上げようとするのか。その決定には、生きた人間がプレイする場合、さまざまな社会的その他の慣習がはたらくことになるだろう。

＊3　「単調な」monotone 価値とは、量的増減に伴って、よくなる（または悪くなる）一方のものをいう。『精神と自然』岩波文庫、一〇六—一〇七頁参照。

＊4　たとえば「〜より大きい」（is greater than）で結ばれる論理的関係を考えてみると、「AはBより大きい」かつ「BはCより大きい」とき、「AはCより大きい」ので、この関係は推移的 transitive である。また学校での成績（x）が学歴（y）につながり、学歴が収入（z）につながるとき、xyz間の関係も「推移的」と見なしうる。この形式の関係が哺乳動物の価値体系のなかでしばしば打ち破られることについては、本書中巻「遊びと空想の理論」第16項を参照されたい。

＊5　リレー（継電器）とは、受け取った信号から、回路のオン／オフの切り替えを行う器具。「張り手の応酬」を考えてみると、Aからの刺激が、Bの反応を物理的に突き動かすのではなく、Bの内なる「スイッチ」をオンにする。するとAにも張り手が返ってきて、両者とも自前のエネルギー源によって累積的相互反応に駆り立てられる。

プリミティヴな芸術のスタイルと優美と情報

■――イントロダクション

以下の論でわたしは、文化と非言語的芸術の現象をすくい上げる見取図の作成を目指して、いくつかの理論的な試みを行う。その試みはどれも完全に成功しているわけではなく、しかもそれぞれがまだバラバラで、不完全な断片の寄せ集めという状態にある。そんな次第なので、まず最初に、何をわたしが探究しているのか、学術的でないスタイルで話しておくのがよいかと思う。

オルダス・ハクスリーは、「優美」grace の追求ということが、人間にとって中心的な問題なのだと述べている。その「グレイス」という語を彼は、新約聖書における意味

［神の慈悲・恩寵］と同義に捉えていたが、しかしその説明は彼一流のものである。ウォルト・ホイットマン同様、彼もまた動物の行動とコミュニケーションに、人間から失われた純良さ、素朴さを見出していた。人間の行動は、目的心や自意識からくる「欺き」によって汚されている、おのれ自身すら人間は欺く、その理由は動物たちがいまも持っている「優美さ《グレイス》」を人間が失ってしまったことにある――とオルダスは考えた。

その文脈から彼は、神を人間よりむしろ動物に近い存在に見立てている。神は欺くことを知らず、心を乱すこともなければ、誤った考えを抱くこともないと。

神も動物も具えている「優美」が人間だけに欠けている、全存在者のなかで人間だけが唯ひとり脇にのけられている――そんな図がここから得られるようである。

この失われた「優美さ」の（部分的）回復を目指すものとして、わたしは芸術というものを位置づけたい。その試みがある程度成功するところに芸術家の至福があり、それが挫折に終わるところに芸術家の憤怒と苦悩がある、と。

わたしはまた、「優美」という大きな属のなかに、いくつもの種があるという考えを展開する。それとともに、「優美」からの逸脱、「優美」追求における失敗と挫折にもさまざまな種があると考える。各文化にはそれぞれ固有の「優美」があって、それを手にすることが、その文化を生きる芸術家の最終目標であり、また挫折のかたちも各文化固有のものだということである。

文化によっては、芸術が成し遂げるべき困難な統合に背を向けて、意識か無意識かのどちらかを全面的に好むという単純で粗暴な実践へと芸術家を導くところもあるだろう。そこで生まれる芸術が「偉大」の域に達しうるかどうかは微妙である。

優美さとは基本的に統合 integration の問題であるという考えを、これから展開していこう。何の統合かといえば、それは精神《マインド》の部分間の統合——とりわけ、一方の極を「意識」、もう一方の極を「無意識」とする精神の多重レベル間の統合——である。「優美」を得るには、情感《ハート》の理と理性《リーズン》の理とが統合されなくてはならない。

先の発表でエドマンド・リーチ氏は、「一つの文化に根ざす芸術が、別の文化に育った批評家にとっても意味や妥当性を持つのはなぜか」という問いかけを行なった。それに対してわたしは、芸術が「優美」、すなわち魂の統合をなんらかのかたちで表現するものなら、その成功の例が、文化の壁を越えて人の心に届くということは大いにありうるだろう、という答えを用意するものである。ネコの身のこなしの優美さは、ウマの優美さと根本的に違うけれども、どちらの優美さもその身に持たない人間にしても、両方の優美さに感応することができるのだ。

芸術作品が統合の挫折を表現しているケースでも、その挫折の産物が文化の違いを超えて認知されることは、十分ありうるだろう。

芸術作品には、魂の統合に関する情報が、どんなかたちで込められて(コード化されて)いるのか?――これが、本論で探っていく中心的疑問である。

■――スタイルと意味

「絵画はみな、それぞれの物語を語る」という。この一般命題は、〝ただの〟装飾的な幾何学模様を除いたほとんどのアート作品に当てはまるようだ。しかしわたしは「物語」の分析に関わりたくない。アートの中で容易に言語に還元されてしまう側面――そのテーマやそれに関わる神話――を取り除いた、その奥を考えたいのだ。無意識から来るとされる男根象徴の神話についても言及は避け、結びで触れるに止めよう。

芸術品は何かを表象《リプリゼント》するものだが、それとはまるで異なるところで魂にある重要な情報を送り込んでくる――このしくみを解明したい。「スタイルとはその人自身である」(*Le style est l'homme même*)とビュフォンは言ったが、スタイルのなかに、題材のなかに、構成《コンポジション》、リズム、技量《スキル》その他のなかに埋もれている何が、ひそかに、見る人の心に届くのだろうか。

問題をこのように設定してみれば、装飾的な幾何学模様の作品も、より具象的な作品と同じ資格で議論に絡んでくるはずだ。

トラファルガー広場に立つ獅子の像を、鷲の像で置き換えてもブルドッグの像で置き換えても、大英帝国をつくった十九世紀イギリスの文化的諸前提について同じ(少なくとも類似の)メッセージを伝えることができるはずである。ところが、もしあれが木製の像だったとしたら、メッセージはどれほど違ってしまうだろう。

ただし、具象的表象《リプリゼンテーショナリズム》の姿勢そのものは、われわれの問題に絡んでくる。アルタミラの、あの極度に写実的なウマやシカの壁画が伝えているのは、後世の、ほとんど図案化された黒い縁どりによる動物の絵を支えているのとは確実に違った文化的前提だ。人や物(あるいは超自然的存在)を知覚してそれを木の像や絵の具のパターンに変換するコードに、その芸術家と文化に関する情報がこもるのである。

わたしの関心は、この変換の規則そのもの――メッセージではなくコード――にあるのだ。

この探究の目標は、なにかの目的に資することではない。変換の規則を探り当て、それを逆向きに使って変換以前の姿を手にするとか、コード化されたメッセージを解読《デコード》するとかいうことに、わたしの興味はない。芸術を神話に移し替え、その神話を分析するというやり方では、「芸術とは何か」を問うことを避け、それを体裁よく否認することにしかなるまい。

メッセージのなかにコード化されるような「意味」ではなく、変換に使われるコード自体の持つ「意味」を探っていくこと。そのためには、まず、意味という漠として捉えにくい観念をなんとか定義づけなくてはならない。

可能なかぎり一般的で包括的な定義から入るのが便利だろう。

意味という観念は、次に示すような思考の枠組のなかでは、パターン・冗長性 redundancy・情報・「拘束」restraint という諸観念と、ほぼ同義のものと見なしてよいようだ。

音素の連なりでもいい、一枚の絵でもいい、一匹のカエルでも、一つの文化でもいいが、なんらかの出来事または物の集合体に、とにかくなんらかの方法で〝切れ目〟を入れることができ、かつ、そうやって分割された一方だけの知覚から、残りの部分のありさまをランダムな確率より高い確率で推測することができるとき、そこには〝冗長性〟または〝パターン〟が含まれることになる。これを、切れ目の片側にあるものが、もう一方の側にあるものについての情報を含む、あるいは意味を持つと言ってもいいだろう。あるいはまた、工学者風に、その集合体が冗長性を含んでいるとも言えるだろうし、サイバネティクスの視点から、切れ目の片側から得られる情報が誤った推測を拘束するとも言える。例を示そう。

一切れの英文のなかに現れたTという文字は、その次にHかRかまたは母音がくる可能性が高いことを告げている。すなわち、Tの直後に設けた切れ目の向こう側のありさまを、われわれはランダム以上の確率で推測することができる。これは、英文のスペリングが冗長性を含む、ということに等しい。

英語の文の途中までを聞いて、残りの部分のシンタクスの構造を推測することが可能である。

樹木の地上に出ている部分を見て、地下にある根の存在が推測できる。このとき、上の部分が、下の部分についての情報を提供している。

実際に描かれた円弧を見て、円周の残りの部分、つまり描かれていない円弧の位置を想像できる。(そして存在しない円の直径が与えられれば、そのイデア的な円の円周の長さを割り出すことができる。もっとも、これはトートロジー・システムの内部で成立する真理に属する事柄だ。)

上司の昨日の行動のようすから、今日の行動のようすが推測できる場合もある。

わたしの発する言葉から、あなたがどんな返答をするか、わたしに予測できる場合が

うことだ。これはわたしの言葉があなたの返答についての意味ないし情報を含んでいたとい

ある。

電信技師Aが、手書きのメモを見ながらメッセージをBに電送し、Bが受け取ったメッセージをメモに書きつけるとする。このやりとり(ウィトゲンシュタインの言う「言語ゲーム」)を見ている観察者Oにとって、このとき冗長性が生み出された。Aのメモの内容を知っているOは、Bのメモに書かれていくことをランダム以上の確率で推測できる。

コミュニケーションの本質、その存在理由は、冗長性、意味、パターン、予測可能性、情報を生み出すこと、および/または〝拘束〟によってランダムネスを減じることにある。

何よりも重要なのは、〝メッセージ〟なるもの——たとえば芸術作品から届くもの——を、単に内的にパターンづけられたものとして見るだけでなく、同時にそのメッセージを意味づける大きな文化的パターンにも必ず目を向けること。そうした見方を強いるような概念体系を持つことである。

芸術作品の特性は、文化的・心理的システムを反映すると信じられている。芸術はそれが属する文化に「ついて」のものだ、あるいは部分的に文化から「導き出され」、ま

た文化によって「規定される」ものだとわれわれは考える。この考えを、極度に単純化すると、こんな図式が得られるだろう。

[芸術作品の諸特性 / 文化の他の諸特性]

この角括弧は関連する宇宙の全体を画し、斜線は、そこを境として一方向または両方向に推測がはたらく切れ目を表している。ここで問題となるのは、斜線の区切りを越えて(突っ切って)、両者の間にどのような関係ないし相互対応が存在するかということだ。

わたしがあなたに"It's raining"［雨が降っている］と言う場面を考えてみよう。あなたは、窓の外に目をやれば、降っている雨が見えるだろうと推測する。このケースも同じような図式で表すことができる。

["It's raining" の諸特性 / 雨粒の知覚]

このケースが決して単純なものでないことに注意したい。雨粒についての推測が可能になるのは、あなたがわたしの話す言語を理解し、わたしの述べることにある程度の信頼を寄せている場合に限られる。実際、こういう場面では、ほとんどの人が窓の外に目をやることだろう。そうやって情報を重複させることを、人間は抑制しないようなのだ。われわれは、自分の推測の正しさと、友人の正直さの確認を求める。さらにもっと重要なこととして、われわれは他者との関係に関する自分の見解の正しさの確認を求める。

今の最後の点を軽視してはならない。すべてのコミュニケーション・システムが必然的に階層的な構造をとるという原理が、そこには明快に示されているからだ。パターンづけられた全体のなかの、部分間の関係の親和性や不和——その他あらゆる関係のありよう——がそれ自体、より大きな全体の一部として情報を担っている。これを図示すると、

[("It's raining" / 雨粒) / you-me 関係]

となる。この図は、丸括弧で括った小さな宇宙のなかの切れ目にまたがる冗長性が、角括弧で括った大きな宇宙における冗長性を示唆している。あるいは、前者が後者についてのメッセージになっている。[*1]

しかしまた、"It's raining" というメッセージ自体、言語慣習に則ってコード化され、

内的にパターンづけられている。つまり、このメッセージ自体に複数の切れ目を入れて、そのパターン化のありさまを示すことが可能である。

同じことは降っている雨についても言える。雨もまた、パターンと構造を持つ。一粒の雨粒が落ちる方向を知ることで、別の雨粒の方向も予測可能になる、というように。しかし「雨が降っている」という言語的なメッセージを区切る切れ目と、降っている雨を区切る切れ目とは、単純な対応関係にない。

言葉で伝える代わりに、雨の絵を描いて見せたとしたら、描いた絵を区切る切れ目のいくつかは、知覚する雨の切れ目と対応するだろう。

二つのケースの違いから、言語全体のなかのヴァーバルな[単にコトバからなる]部分を特徴づける「恣意的」でデジタルなコード化を一方に、描出による図像《アイコン》的なコード化をもう一方に置く、すっきりとした二分法が導き出される。

ただし、ヴァーバルな記述も、より大きな構図のなかで眺めると、図像的な性格を帯びることがよくあるのだ。言葉でミミズを記述する科学者は、ふつう頭から始めて、順々に後方のようすを述べていくが、この記述のプロセスはミミズが実際に伸長するときのプロセスを図像的になぞっている。ここでもわれわれは、デジタルな言葉による記述を一つのレベルに、図像記号による記述を別のレベルに収める、階層的な構造に出会うのである。

■――レベルと論理階型

メッセージの「段差《レベル》」の問題に話が及んだ。次の二点においてである。(a)メッセージ“It's raining”と雨粒の知覚との組み合わせが、それ自体、人間関係の宇宙についてのメッセージを担うという点。(b)思考の焦点をメッセージ素材から引き上げて、より大きな単位を捉えるとき、それまでヴァーバルなコード化しか見えなかったところに、図像的なコード化が現れうるという点。(ミミズについての言語的記述が、全体として、ミミズのように伸長することがある。)

芸術の認識論をやるときには、この段差《レベル》の問題が、また別の、抜き差しならない形で関わってくるのを覚悟しなくてはならない。

「知る」know という英語には、フランス語の *connaître*(五感を通して識別または知覚する)と *savoir*(知識を得ている)との両方の意味が含まれるが、この単語の曖昧さはそれに留まりはしない。システム論的な理由によって、「知る」ことの意味内容が移ってゆく――アクティヴに変化する――のだ。五感による認識が、心の深みに居すわる種類の知になるということが起こるのである。

「ケンブリッジへ行く道を知っている」というのは、地図で調べたから道順を教えられるという意味にもなれば、途中の光景を詳細に思い出すことができるという意味にもなる。また、思い起こせることはわずかでも、車で道をたどれば景色に見覚えがあるという意味にもなる。あるいは車でケンブリッジに向かうとき、ほとんど道順を意識せずに、習慣によって自然と右折左折ができるという意味にもなりうる。その他、さまざまなケースを列挙することができるはずだ。

いずれにせよ、ここでわれわれが相手にする冗長性またはパターンづけは、相当に複雑な種類のものである。

[("I know . . ." / my mind) // the road][*2]

厄介なのは、この丸括弧のなかのパターン化のようすである。「わたしのマインド」のどの部分で知っているどんな知を、どの部分が「知っている《アイ・ノウ》」と意識するのだろう?

「知る＝認識」の形態にはさらに、一般に情報というよりは適応との関わりにおいて見られているものがある。たとえば、サメは海中を移動するのに適した優美な形をしているが、サメのゲノム〔遺伝子集合〕が流体力学のあれこれを「知って」いて、発生の際にその情報を生かす、というのではない。むしろゲノムには、流体力学を補完するものとしての情報なり指令なりが含まれている、と考えるべきだ。つまり、水中での動きを仕切る力学そのものではなく、その力学にフィットする性質のものが、ゲノム内部に蓄えられていくということである。渡り鳥のケースも同様に考えることが可能である。おそらく人間がケンブリッジまでの行き方を知るどの知り方でも、渡り鳥は目的地までの行き方を知らないのではないだろうか。環境との関わりのなかで正しい道筋を飛行するための補完的な指令を体内に宿している、ということではないだろうか。

Le cœur a ses raisons que la raison ne connaît point.〔ハートには、理知が感取しえない独自の理がある。〕芸術や儀礼、神話について議論することが難しいのも、この意識《リーズン》と無意識《ハート》の層の違いという問題があるからだ。精神が複数の異なった層からなっているという考えは、これまでさまざまな角度から提示されてきている。そのうち以下の四つは、芸術に対して科学的にアプローチする際に忘れずに織り込まなくてはならないものだろう。

1　物事を深く「知る」につれて、その知識について意識する度合が減っていくとするサミュエル・バトラーの見解。つまり、知識（あるいは行動・知覚・思考の「習慣」）が精神のより深いレベルへと沈降してゆくプロセスが見出されるということだ。禅の修行は、このプロセスの進展にねらいを定めた非常に明瞭な例だが（オイゲン・ヘリゲルの『弓と禅』参照）、そればかりでなく、すべての芸術とすべての技量《スキル》獲得のプロセスについて、同じことが言える。

2　三次元の視覚像の生成プロセスについて、アデルバート・エイムズが行なった実験の成果。[*3] 視覚神経が捉えた情報から立体的イメージが作られるときのプロセスには、遠近法など数々の数学的前提が組み込まれているが、それらの運用は完全に無意識のレベルで進められており、そのプロセスを意志によってコントロールすることはできない。ファン・ゴッホが独特の遠近法で描いた椅子の絵を前にして奇異な感覚に襲われる人の意識は、それまで（無意識に）当然と受け止めてきたことを、ぼんやりと知らされるだろう。

3　夢を、「一次過程」にのっとってコード化された隠喩の群れと考えるフロイト派（わけてもフェニヘル）の理論。芸術の諸様式《スタイル》――こざっぱりしたまとまり、大胆な対比等々――は隠喩的なものであり、したがって一次過程の進行する精神のレベルに根ざしている。この点について後に論じていこう。

4　無意識を、恐ろしい、苦痛に満ちた記憶が抑圧のプロセスによって押し込められた地下室ないし戸棚として考える、フロイト流の見解。

古典的フロイト派理論は、夢というものを、〝夢の仕事〟がつくり出す二次的な加工品と見た。意識的思考が否認し、無意識に落ちたおぞましい素材が、夢見る人にショックを与えないように、隠喩的なイメージに置き換えられるという考えである。たしかに、抑圧プロセスによって無意識に押し込められる情報については、そう考えて正しいのかもしれない。しかし意識の検索にかからない情報というのは、すでに見た通り、多くの種類に及ぶのである。哺乳動物間の相互作用も、そのほとんどが無意識の論理前提の上に成り立っているはずだ。これらは、一次的に一次過程のイディオムとして存在し、それを〝理性的〟な言葉に翻訳するのはある種の無理を通してはじめて可能になる。そう考えた方が筋が通るとわたしは考える。つまり、初期フロイト理論の多くが逆立ちしているということである。あの時代には、意識的で理性的なものこそがノーマルであり自明なものである、無意識は謎でありそれが存在すると言うためには証拠と説明が必要であると考える人が多かった。その説明を与えたものが「抑圧」という観念だった。こうして無意識には、本来意識的でありえたのに、抑圧や夢の仕事によって変形された思考が詰まっているということになってしまった。だが、今日では意識こそが神秘である。そして、無意識の演算プロセス——精神の一次過程——は、たえまなくはたらく、必要不可欠な、全包括的なものとして考えられるようになっている。

今の考察は、芸術や詩について理論化を試みるときに特に重要だ。というのも、詩とは散文に変形を加えたり装飾をこらしたりした二次的なものではなく、むしろ散文こそが、詩を論理のベッドにくくりつけ、論理の寸法に合うよう丈を伸ばしたり切断したりした存在であるからだ。異言語間の翻訳を計算機に委ねようとするプログラマーは、言葉の一次的な本性を時に見誤っているかに思える。一つの文化のアートの形を他の文化のアートへ翻訳する機械を作ろうとするのも本質は変わらない。

「アレゴリー」というものがあるが、これは通常の創造プロセスが逆転されたものであり、芸術と呼ぶにしても趣味のいいものとは言えない。典型的なアレゴリーでは、まず「真実と正義」というような抽象的な関係が、合理的なマインドによって発想される。そしてその関係が後に隠喩化され、一次過程の産物らしく飾り立てられる。こうして抽象概念が人間の姿で登場し、神話もどきの世界で立ちふるまったりする。広告芸術の多くも、本来の芸術とは創造過程が逆転しているという意味で、アレゴリーの仲間に入れていいだろう。

アングロサクソン人の間で流通する常套句を見ると、無意識は意識化されることが好ましいという前提が随所にうかがえる。フロイトでさえ「イドありしところ、エゴあらん」〔精神の深奥部も自我に置き換わる〕と発言したと伝わっている。まるで意識的な知、意識による制御が、つねに増大していくことが可能であり、無論それは向上なのだと言わんばかりだ。この見解は、大きく歪んだ認識論と完全に歪んだ人間観・生物観の所産である。

先ほど列挙した四種類の無意識観のうちの最初の三種は疑う余地なく必要なものだ。精神過程全体のうち、意識の占める割合は必然的にかなり限られたものになることは、単純な機械論的説明からしても明らかである(1)。意識は十分に抑えられた状態で、はじめて精神プロセスの役に立つのだ。習慣によって無意識に事が運ぶことで、思考と意識の節約がもたらされる。知覚のプロセスに意識が割り込めないのも、理由は同じだろう。意識は何を知覚したかを知ればいいのであって、どのように知覚したかを知る必要はない。(意識できない一次過程が基盤にあるからこそわれわれは機能できるのであって、そうでなくても機能できると考えることは、脳が違ったしくみを持つべきだと主張するのに等しい。)さっき挙げた四つのタイプのうち、なくて済む、あるいは邪魔であるかもしれないのは、最後の、おぞましきものをしまい込む押入としての無意識だけだろう。

もっとも、骸骨は食卓にさらしておくより戸棚にしまい込んでおくことに利便性があるとはいえるかもしれない。

われわれの生活のすみずみに、無意識のあらゆる形態がつねに重層的に姿を現している。人間関係の場でも、絶えず多くのメッセージが意識されぬまま行き交っている。われわれが伝えようと意図するメッセージは、おのずと表出する意図されないメッセージに包まれる。そのため、今のは無意識(または意識)のどのレベルから発せられたどんな種類のメッセージかを伝え合う「メタメッセージ」の交換が重要になる。*4

その重要性は、実用性の観点からだけでも明らかだろう。どの層からきたメッセージかによって、真実性の等級も違ってくる。ネコがマットにいないのに「ネコはマットの上にいる」と言うことも、愛していない相手に向かって「愛しているわ」と言うこともできる。しかし関係性についての伝達は、言語ではなく、半意図的な筋肉の動きと身体的なシグナルの絡みによって行うのが普通である。*5

スキルというものに関しても同じことがいえる。「すぐれた技量を持つ」という事実は、そのパフォーマンスを、多分に無意識的な要素が取りしきっていることを示している。

以上の議論から、どんな芸術作品に対しても、このような問いかけを行うことの妥当性が確認できた。――「作品が内包するメッセージ素材のどの要素が、芸術家の心の(意識から無意識へ至る)どの階層と結ばれているのか?」 感受性豊かな批評家は、まさにこの問いをもって芸術作品に接しているのではないだろうか(そのことを意識してはいなくても)。

この意味で芸術とは、さまざまな層の無意識からの伝達の実践であると言える。あるいは、この種のコミュニケーションがより十全に行われるようにわれわれの精神を鍛錬することを一つの機能とする、一種のあそび《プレイ》の行動であるとも言える。

先ほどアントニー・フォージ博士が引用したイサドラ・ダンカンの言葉を取り上げてみよう。彼女は「この踊りの意味が口で言えるものなら、踊る意味がなくなるでしょう」と語った。

彼女の言葉は複数の意味に解釈することが可能である。われわれの文化に深くしみついている、いささか粗野な前提からすれば、「だって踊る意味がないですわ。コトバの方が素早く、しかも明瞭に伝えられるはずですもの」となるのかもしれない。この解釈は、何事も無意識のままより意識した方がいいと考えるナンセンスと同類である。

イサドラ・ダンカンの発言から読み取れる別の意味はこうだ。――もしこれがコトバで伝えられる種類のメッセージなら、踊る意味はないかもしれないけれど、これはそういう種類のメッセージではない。むしろ、コトバに翻訳したのではどうしてもウソになってしまう種類のメッセージなのだ。なぜなら、(詩以外の)コトバに置き換えられるということは、それが意識的で意図的なメッセージだということを意味するわけで、この場合、事態はそうでないのだから。

　イサドラ・ダンカンが、そしてすべてのアーティストが伝えようとしているメッセージは、むしろこんな内容のものではないだろうか――「部分的に無意識的なメッセージをわたしなりに作ってみました。これを通して部分的に無意識的なコミュニケーションをやってみませんか」。あるいは――「これは、意識と無意識をつなぐ界面《インターフェイス》に関するメッセージです」。

　スキルの伝達とは、つねにこうしたあり方をしている。熟達した芸を見たとき、われわれは「素晴らしい」と意識するが、それがどうだから「素晴らしい」のかを言葉でうまく語ることはできない。

　芸術家は奇妙なジレンマに陥っていると言えそうだ。訓練によって技能に熟達していくにつれ、自分がそれをどのように行なっているのかが意識から落ちていく。意識の手を離し習慣に委ねることで、スキルが〝身〟につく。
芸術家の試みが、自分のパフォーマンスの無意識的要素を他人に伝えることであるとしたとき、彼は一種のエスカレーターというのだろうか、動く階梯の上に立ちながら自分の乗っている段の位置を表現しようとするのだけれども、その努力そのものが段を上下させてしまう、そんな状況にいるのだと言える。

そんな状況で伝えるべきことを伝えるという一見不可能なことを、きれいにやってのける業師《アーティスト》たちがいるのである。

■――一次過程

「情感《ハート》には、理《リーズン》が感じえない独自の理がある。」アングロサクソン人の間では、この「ハート」すなわち無意識の論理を、一種始源的な「力」や「押しあげ」や「うねり」――フロイトの言った *Trieben*［諸々の欲動］――として捉える傾向が一般的である。フランス人のパスカルは別な見方をした。彼の言う「ハートの理」は、意識の理性と同程度に正確で複雑な論理と演算からなるものだった。

（アングロサクソン系の人類学者がクロード・レヴィ＝ストロースの著作をしばしば誤解するのは、まさにこの点が理由なのではないだろうか。彼らはレヴィ＝ストロースが知を偏重し情を無視していると批判するのだが、実はレヴィ＝ストロースは、「ハート」が精密な演算規則《アルゴリズム》を持っていることを前提としているのである。)

だがそうした「ハート」の、いわゆる「無意識」のアルゴリズムは、言語のアルゴリズムとはまったく別の方法でコード化され組織されている。しかもわれわれの意識は、大部分が言語の論理によって組み立てられている。そのために、無意識のアルゴリズムを意識で捉えることは二重の困難を伴う。意識に支配されている限り精神はこうした対象をつかむことができないというばかりでなく、仮に夢、芸術、詩、宗教、酩酊などによって運よく把握できたとしても、それを翻訳して伝えるのがまた途方もなく難しいのだ。

フロイト流に言うなら、無意識の行う操作は「一次過程」の諸原理によって構造づけられ、意識の行う思考(とりわけ言語化した思考)は「二次過程」において表現される、ということになるのだろう。

「二次過程」については誰一人何一つとして知っていないとわたしは思うのだが、一般には誰もがすべて知っていることになっているので、それに従ってみなさんもわたしと同等に知っていると考え、二次過程について立ち入った記述を試みることはせずに済ませたい。

一次過程の特徴としては――フェニヘルらの説明によると――否定形を欠くこと、時制を欠くこと、いかなる動詞の法(直接法、仮定法、希求法……)にも収まらないこと、隠喩的であること、が挙げられている。これらの特徴は、夢解釈や自由連想のパターン研究を専門とする精神分析医の経験から出てきたものである。

そしてまた、一次過程の語《ディスコース》りにおける題材は、言語と意識の扱う題材と違っている。意識はものや人を特定し、それに述語を賦与することで語りを組み立てていく。これに対し一次過程はふつう、何(または誰)について語っているのかを明かさない。関係が結びつける具体的な項ではなく、関係そのものに焦点を当てるのだ。これはすなわち、一次過程のディスコースが隠喩的であるというのと同じである。隠喩とは、関係を同じに保ったまま、その関係が結ぶ項を別のものや人で置き換えて、それがどのような関係であるか〝例示〟するものだ。直喩では、as if や like のような語を差しはさむことで、隠喩が使われた事実が明らかにされるが、夢や芸術は、一次過程に埋もれている限り、この直喩の方法がとれない。一次過程には、メッセージの素材が隠喩的なものだということを意識に告げるための指標《マーカー》がないのである。

(統合失調症の患者にとっては、統合失調症的な発言を——あるいは「内からの声」に対する彼自身のコメントを——as if に類する言葉で括ることができるようになることが、社会的に認められた正気へ向けての大きな一歩となる。)

一次過程の素材は隠喩的であって、関係が結ぶ項を具体的に明示しないと述べたが、この場合の「関係」とは、われわれが意識の言葉で思い浮かべるものよりも幾分幅の狭いものである。夢やその他の一次過程が扱う関係は、自分と他者、あるいは自分と外界との関係に限られるのだ。

この自分対他人、自分対外界の関係こそ、われわれが愛・憎・恐れ・安心・不安・敵意として「感じ」ている事柄――それらの〝フィーリング〟が表現するテーマ――である。フィーリングや感情というものが、厳密で複雑な演算体系のあらわれであるという考えに居心地の悪さを覚えるアングロサクソン人は、この単純な事実に気づかずにいるらしい。これらはみな関係性のパターンを指す抽象観念であるのに、そのパターンを正確に把握しようとはせず、何でも量の問題に還元しがちなのは残念なことだ。心についての学問がいい加減だと世界の認識も歪んでしまうという、これはそのいい見本と言っていいだろう。

それはさておき、ここで重要なのは、今述べてきた一次過程の特性と、図像記号《アイコン》のみによる動物のコミュニケーションの特性とが必然的に重なり合うという点である。芸術家も、夢見る人も、ヒト以外の哺乳類・鳥類も、みな同じ規律のもとでコミュニケーションを行なっているわけだ。（昆虫のコミュニケーションは、また別のカテゴリーに属するようだ。）

アイコンによるコミュニケーションには時制もなければ、単純な［単にnotをつけるような］否定も、「法」［直接法・命令法・仮定法等の違い］や「態」［能動・受動］を示す指標もない。

単純な否定が存在しないという事実は特に興味深い。この場合、動物は、言っているのとは逆の意味であることを伝えようとして、実際の意図とは逆のことを言う状況に追いやられるわけだ。

二匹のイヌが近寄って、「闘わない」というメッセージを交換する必要にせまられたとする。ところが、アイコンによって「闘い」に言及するには、牙を見せるほかない。このとき彼らは、提示された「闘い」が単に模索段階のものであることを了解する必要がある。そこで彼らは、牙を見せられたことの意味を探り始める。一応けんかを始めてみて、その上でどちらも相手を殺傷する意志のないことを知り、その後に、親しくなるのであれば親しくなるというやり方である。

（アンダマン諸島［北インド洋ミャンマー沖］の部族が他の部族と友好関係を結ぶときの儀礼をこれと比較すると面白い。*6 また夢や芸術や神話で、皮肉などの発言の意味が裏返しになるケースにも、ユーモアが起こるケースにも、同様の問題が絡んでくるはずである。)

一般に動物は、自分と他者の、および自分と外界の関係について語るが、いずれの場合も、それが何と何との関係であるかを明らかにする必要はない。動物Aは、自分とBとの関係をBに語り、自分とCとの関係をCに語ればいいのであって、自分とBとの関係をCに語る必要はない。その関係で結ばれる両者は、つねに目に見える形でそこにおり、そこで取り交わされるのは、つねに行動の一部(いわゆる〝意志表示のしぐさ〟intention movements をもって行動の全体を指し示すというタイプの図像メッセージなのである。ミルクを欲しがるネコは、(ミルクがその場になければ)欲しいのがミルクであると特定することはできない。ネコはいわば「ママ、ママ」と鳴いて依存のテーマを持ち出すだけだ。そこから、欲しいのがミルクであることを推察する役目が飼い主に課せられるのである。

以上はことごとく、一次過程で起こる思考とその思考の他者への伝達行動が、言語等の意識的な作用よりも進化の前段階に位置することを示している。そしてこのことは、マインドのはたらきの経済性と動力学的なつくりの全体に関わる。サミュエル・バトラーは――おそらく彼が最初だろう――われわれが一番よく知っているのは、一番意識していないことだと指摘した。これは、習慣形成のプロセスが、より無意識的でより太古的なレベルへと知が沈んでいくプロセスだということを述べたものである。無意識の中に含まれるのは、意識が触れたがらない不快な事柄だけではない。もはや意識する必要のないほど慣れ親しんだ事柄も多く含まれるのだ。〝身についた〟ことは、意識の手を離れ、そのことで、意識の経済的な活用が可能になる。芸術家がスキルを発揮するとき、彼は自分の無意識の、それに関わる部分のありようを示しているのだ。（ただし、それを無意識からのメッセージと言うのは適当でない。）

問題は、しかし、さほど単純ではない。無意識レベルに沈めた方が得な知もあれば、表面に残しておかなくてはならない知もあるだろう。総体的に言って、外界の変化にかかわらず真であり続ける知は沈めてしまって構わないが、場に応じて変えていかなくてはならない行動の制御権は確保しておかなくてはならない。「シマウマは獲物である」という命題はライオンの無意識に沈めて構わないが、個々の状況で個々のシマウマを相手にしたときの個々の動きは、その場特有の地勢やそのシマウマ特有の逃走戦術に合わせて修正できるようになっていなくてはならない。

恒久的に真であり続ける関係性についての一般事項は無意識領域に押しやり、個別例の実際的処理に関わる事項は意識領域に留める、という答えがシステムの経済的要請から出てくるのである。

思考の前提は沈め、個々の結論は意識の上に残しておくのが得策である。しかし、この「沈め」は、経済的であるといっても、やはり「手放す」ことの代価を払って得られるものだ。沈める先が、隠喩とアイコン的情報のアルゴリズムがとりしきるレベルである以上、そこからはじき出されてきた答えがどのように導き出されたのか、もはや知ることは難しい。逆に言うと、ある特定の言明《ステイトメント》とそのメタフォリックな表現とに共通する部分は、無意識に沈めてよい一般性を有している。

■——意識の量的限界

一〇〇パーセント意識的なシステムというものが論理的にありえないことは、次のように考えればすぐに明らかだ。意識を、精神のさまざまな部分からの報告が映し出されるスクリーンに見立てる。精神プロセスの全体を見ると、そのなかには進化の現段階ですでにスクリーンに届いている部分と、まだ意識化できていない部分がある。その意識化されていない領域から必要な報告をスクリーンに届けるには、脳の回路にかなり膨大な回路を新たに増設しなくてはならない。すると次に、いま増設した回路のなかで起こる出来事ないしはプロセスをどうやって意識のスクリーンに送るかが問題になる。

この問題が解決不可能だということは明白だろう。システムの意識化を進めようとする度に、意識化できない部分を積み上げていかなくてはいけないわけだ。

言い換えれば、有機体はすべて、精神全体のうちのささやかな部分を意識するだけで満足しなくてはならない。意識というものにもし有用な機能があるとすると（このことは誰も検証してはいないが、おそらく正しいのだろう）、その限られた意識を経済的に活用することが重要な問題になってくる。無意識レベルで扱える問題を意識している余裕は、生き物にはないのである。

習慣の形成によって、生きるというビジネスの経済性が生み出されるのだ。

■――意識の質的限界

テレビ受像機のスクリーンにまともな映像が出ていれば、機械の多くの部品がきちんと機能していることが分かる。「意識のスクリーン」についても同様に考えてよいだろう。しかし精神の場合も機械の場合も、それぞれの部品がどのように作動しているかということまで、画面に映るわけではない。テレビの真空管が切れたり、人間が発作に襲われたりしたとき、異変の結果はスクリーンや意識にはっきり現れるが、どんな異変が起こったかは、専門家に診てもらわないと分からない。

この議論は芸術の本性とも絡むものだ。画面が歪むなど調子のおかしいテレビが、いわば機械の無意識の病理を伝えている（症状を呈している）のだとしたら、芸術家のうちにもやはり内面の症状を伝えている者がいるのではないかと問われるかもしれない。いや、そう考えるのは性急にすぎる。

芸術作品に見られる歪み（たとえばファン・ゴッホの描いた例の〝椅子〟）が、芸術家の「見た」ままを直接表現しているかのような言い方が、ときどきされる。「見る」という言葉が、ここで物理的な（つまり眼鏡で矯正できる種類の）視力を指しているとするならば、その矛盾は明白だろう。そんな歪んだ椅子の像しか結べない目は、キャンバス上に正確に絵の具を置いていく役をうまく果たしてはくれまい。逆にまた、キャンバス上に描いた写真のようにリアルな椅子の絵をも、ゴッホの眼が同じように歪めて見るのであれば、そもそも歪めて描く必要などないわけだ。

だが芸術家は昨日見たものを今日描いている、あるいはこうも見えうるということを何らかのやり方で知っていて、その絵を描いているとしたらどうだろう。「わたしにもあなたが見るのと同じ世界が見えるけれども、椅子がこんなふうに見える見え方が人間の可能性としてあって、その可能性をみんな分かちもっているのではないですかな？」

——これは、こういう症状に陥ることは誰にもある、人間は可能性としてあらゆる精神異常をきたしうるのだから、というのと同じだろうか？

アルコールやドラッグによって、同様に歪んだ世界が知覚できることがある。この場合、そうした歪みは「自分のもの」として体験されるだけに、一層魅惑に満ちている。「酒には一かけらの真理あり」と言う。酩酊の中で、これもまた一つの自己のありようであり、〈真理〉のありようなのだと思い、それによって魂の昂揚や落ち込みを味わうということはあるだろう。しかし、酩酊によって何らかの技量が向上することはない。以前に身につけていた技量がそれによって解き放たれるということはあるにしても。

スキルなきところにアートはない。

ある人が黒板に——あるいは洞窟の壁に——歩み寄り、恐怖にかられたトナカイの完璧な姿をフリーハンドですらすらと描くというケースを考えてみる。*7 どうやって描いたかについて彼は何も言うことはできない。（「口で言えることなら、描いて見せる必要はないでしょう。」）そこにあるのは、「このような完璧なトナカイの見え方、描き方を、人間は可能性としてみんな持っているのではないですかな？」というメッセージだ。この芸術家のスキルの見せどころは、彼とトナカイとの関係についてのメッセージを伝えるところにある。トナカイへの共感のメッセージを伝える腕、と言ってもいいだろう。

（アルタミラの壁画はよく、「共感狩猟呪術」sympathetic hunting magic の例だとされるが、単に呪術のためなら、どんな粗雑な表現でも済むのである。呪術を言うなら、あの美しいトナカイにとって汚点となっている、矢の方だろう。ぞんざいに描きなぐられたあの矢は、芸術家を呪い殺すための野卑な謀《はかりごと》のように見える。モナリザの顔に落書きされた髭のような。）

■——芸術の治癒的性格

人の意識は満遍なく及ぶのではなく、選択された一部だけにしか注がれない必然性について述べた。意識が捉えるのは、自己についての真実全体の一角にすぎない。しかもこの選択が、ランダムにではなく何かしらの体系に則って行われるなら、その場合、意識が捉える部分的真実は、全体の真実の姿を歪曲したものになることが避けられない。氷山の場合、水面上に捉えられる部分から、水面下にあるだろうものを推しはかることができるが、意識の内容から同じような推測を行うことはできない。それは単に意識の「好み」が偏っていて、おぞましいものをみなフロイト的無意識の暗がりへ押しやってしまうという理由からばかりではない。選択が「好み」だけによるものだったら、意識の内容はさだめし楽天的であることだろう。

問題なのは、意識によって精神の回路が断ち切られてしまうことだ。われわれにはそう信じるしかないが、精神《マインド》の全体は、(命題の、イメージの、諸過程の、神経病理の、云々)統合されたネットワークである。その全体からではなく、各部各所から別個に届くサンプルだけが意識されるのだとすれば、意識が捉えたネットワークの姿が、本来の統合された全体ではなく、それを切り取り歪めたものになることは避けられない。意識による切断面の上に現れるのは、弧であって、回路全体ではない。さまざまな回路が結ばれて形作る、より大きくより十全な回路が意識されることはないのである。

芸術・夢などの援《たす》けを受けない孤立無援の意識に、精神のシステム性を感受することはできない。

この考えを分かりやすく図解してくれる類例がある。生きた人間の身体もまた、複雑に統合されたサイバネティック・システムであり、こちらは科学者、特に医学系の人たちによって長い間研究されてきた。しかしそこで蓄えられてきた知識は断片的であり、そのさまはちょうど孤立した意識が精神全体を切り裂いて把握するのとよく似ているように思われるのだ。医者であることは、「あれ」や「これ」を治すことを意味する。彼らの研究努力は、したがって、(注意が意識の焦点を絞るように)自分たちに操作可能な短い因果の列に焦点を絞り、そこに薬や他の手段を介在させ、具体的で認知可能な状態(症状)を治すことに向けられる。効果的な〝治療〟法が発見されると、その研究はうち止めにされ、今度は別の研究に注意が向けられる。今われわれは小児麻痺を防ぐことができるが、この非常に関心をそそる病気が一体何であるのか、システムの見地から知っている人間はいない。研究はストップしたか、あるいはワクチンの改良というささやかな目的に限られてしまっている。

病気をそれぞれ個別化し、それぞれの防ぎ方や治し方のトリックを身につけても、全体性を看取する智《ウィズダム》は生まれてこない。われわれのトリックは一方で、生態系や種の個体群の動的均衡を崩し、抗体に対する病原体の免疫性を強め、新生児と母親との接触を断つというような、さまざまな問題を生み出してもいるのだ。

意識が切り取った因果連鎖が、実は始めと終わりのあるものではなく、システムの大小さまざまな回路の一部をなすものであるとき、切り取った連鎖をいじればシステム・エラーが生じる。医学はわれわれのテクノロジーの一部にすぎないものだ。今後現れてくるテクノロジーは、生態システムの、いまだ正常に機能している部分をどこまで攪乱していくのだろうか。

この発表のポイントはしかし、医療科学の批判にではなく、避けて通れない事実の提示にある。芸術、宗教、夢、その他われわれの存在の深みに関わる現象から孤立した、単に目的的な合理性は、必然的に病変をもたらし、生に対し破壊的にはたらくこと。そして、その破壊性の源は、生というものが不確定性《コンティンジェンシー》の諸回路が多数嚙み合ったシステムとして成り立っているのに対し、意識はそれらの回路のうち人間の目的心に沿って動く短い弧の部分しか捉えることができないところにあること。

孤立無援の意識は人間をつねにある種の愚行に巻き込む、と言ってもいいだろう。進化の女神は恐竜を核競争のごとき一方的肥大化のシステムに巻き込んだ、そしてそれを恐竜たちにとってのコモンセンスにしてしまった。その誤りに百万年後に気づいた〈進化〉は、恐竜を絶滅させたのだった。

意識ばかりに支配された心は、つねに憎しみに傾く。敵対者を滅ぼしてしまえば話が早いから、ばかりではない。それにはより深い理由がある。回路を切断した弧しか見えていない者は、狭い視野で懸命に考え出した施策が逆効果となって返ってくることに、驚きと怒りを禁じ得ないのだ。

ＤＤＴで害虫駆除を見事に達成した場合、虫に依存していた鳥が飢えて死ぬ。そうすると鳥が食べてくれていた分の虫殺しまでＤＤＴに代行させねばならないことになる。いや、それよりまず第一ラウンドで、毒入りの虫を食べた鳥が死んでしまうことになるだろうか。DDTでイヌを死滅させてしまえば、泥棒抑止のためその分だけ警察力に依存しなくてはならなくなる。するとその分だけ泥棒に知恵と武器がついてくる。

われわれはこんな循環的世界に生きているのであり、そこで愛が生き続けるためには、〈智〉の声を届かせなくてはならない——たとえば循環する世界への気づきの感覚を。

さて、ここまでの議論によって、人類学の慣例とは少々違った問いを、一片の芸術作品に対して投げかける用意が整った。これまでたとえば「文化とパーソナリティ学派」の研究者は、芸術作品や儀式を、ある特定の心理的テーマや心理状態を探るためのサンプルないしは探針として使ってきたわけである。

そこで問われたのは「芸術作品は、それを作った人間のパーソナリティについて何を語っているか」という問いだ。しかし、これまで示唆してきたように、芸術がわたしの言う〈智〉の維持に積極的に寄与しているのだとすれば——つまり、生に対するあまりに目的的な見方をより全巡環的《システミック》な方向へ治癒していくことに関わっているならば——問いの形はこうなるだろう。「この芸術作品を創る、あるいは見ることで、〈智〉に向けてのどのような修正がもたらされるのか?」

これは発問者自身を巻き込む、動的な問いである。

■——バリ島絵画の分析

ここまでの認識論的考察から、具体的な芸術様式の分析に移るにあたって、まずきわめて一般的で明白な事柄を押さえておきたい。

芸術《アート》と呼ばれる行動、あるいはその行動の産物(これもアートと呼ばれる)は、ほとんど例外なく、二つの特性を持っている。まず第一に、アートは技量《スキル》を必要とする。あるいは技量を披露する。そして第二に、アートには冗長性なりパターンなりが含まれる。

しかしアーティストの技量がまず冗長性を維持した上で、その冗長性を「変奏」することに発揮されるのだとすれば、右の二つは結局別物ではない。

職人的な技量が比較的低次の冗長性を司っている場合、今述べたことが明瞭に観察される。例としてバリ島、バトゥアン村の絵師イダ・バグス・ジャーティ・スーラが一九三七年に描いた作品を使おう。バトゥアン画派の絵画はほとんどがそうであるが、この絵にも背景に濃密な葉の繁みが描き込まれており、そこに基本的ではあるが高度に訓練された技能が発揮されている。ここで冗長性は、まず葉形の均一性ないしリズミカルな繰り返しという形で得られている。しかしこれは、いわば「もろい」冗長性だ。その隣に汚点を配することで、あるいは次にくる葉のサイズまたは色調を変えることで、この種の冗長性は簡単に壊れたり途切れたりするものである。

バトゥアンの絵師が他人の作品を見るとき、まず背景の繁みのテクニックに注目することが多い。葉の描き方について述べると、まず最初に鉛筆のフリーハンドで輪郭をふちどり、それから一枚一枚、黒のペンでしっかりなぞる。すべての葉の輪郭が出来上がったのち、筆に薄い墨を含ませて一度塗り上げ、それが乾いてから二度目は外縁を除いて、葉の中央部近くを塗り、その次はさらに内側と、同心円状に重ね塗りをやっていく。こうして、縁が白っぽく、中心に行くに従って色濃くなっていく葉の群れが描きあがる。「格の高い」絵では、葉の一枚一枚に五重ないし六重の塗りが施される。(その意味からすると、この絵は三重塗りか四重塗りなので、格はあまり高くない。)

このレベルでの技能は、身体で繰り返し覚える筋感覚的正確さに負っている。カブを整然と配した野菜畑を見るような有無を言わせぬ芸術性が、ここで達成されているわけだ。

すばらしく腕のいいアメリカ人の大工が、自分で設計した木造りの家を建てるところを観察したことがある。わたしが手順の確かさと仕事の正確さに感心すると、彼はこう答えた——「いやね、タイプを打つようなもんですよ。考えてやっているうちはだめで

バリ島の絵画
イダ・バグス・ジャーティ・スーラ作，1937 年

ね」。

しかしこうした「正確さ」の上に、レベルの異なる冗長性がくる。低次の画一性を「変奏」するところに高次の冗長性が生まれるのだ。ある箇所の葉を別の箇所の葉とどう違えるのか。そしてそれを違えながらも、その違いがそれ自体なんらかの冗長的な繰り返しのなかに——つまりより大きなパターンのなかに——収まるためには、全体をどうあしらったらいいのか。

実際のところ、第二のレベルを成立させることにこそ、第一レベルにおける制御の必要性と機能があるのだ。この絵描きは、その気になれば葉を均一に描くことができる、という情報を鑑賞者が受信できなければ、その均一性が変奏されることの意味が消えてしまうだろう。

つねに一定の音色を出せるバイオリン弾きだけが、音色の変化を芸術的効果のために使うことができるということだ。

この原理は美的現象を考える上で基本になるものである。技能とパターンの結びつきは、美の鑑賞にはほとんど普遍的なものだが、その理由も今の原理から説明されると思う。例外もたしかにある。手を加えていない自然、拾ってきたものをそのまま陳列する「ファウンド・オブジェ」、インクのしみ、統計の点々図、ジャクソン・ポロックの作品

——これらが美を伝えることはある。しかしそこには同じ原理が逆から例証されてはいないだろうか。目にするオブジェそのものの構成はたとえランダムであっても、より大きなパターンのなかで、そこに制御がはたらいているという錯覚が生まれることはあるだろう。また中間段階のケースもある。バリの木彫りの像ではよく、像の形と表面の細部を表すのに自然の木肌がそのまま生かされる。ここで彫師の腕《スキル》は、細部をいかに「構成する」かではなく、すでに構成されている木のなかに、どのように自分の発想を忍び込ませていくのかという点に発揮されるわけだ。ここに、単なる具象によって得られるのとは違った、特別の芸術的効果が生まれる。彫師のデザインと自然の物理的システムが協働してこの像の姿を決定しているということが伝わってくるところに、独特の美的効果が生まれるのである。

この最も基本的で明白なことを意識し続けながら、より複雑な問題に話を進めていきたい。

■——作品構成

1　葉も他のフォルムも絵の縁に届かず、暗がりへ消えていく感じになっており、四角い外縁は一様にぼやけた黒の帯になっている。言い換えれば、絵が絵自体のフェード・アウトによって縁どられている。*8 描かれたシーンが火葬儀式の始まりという見慣れた光景であるにもかかわらず、この絵が「非現世的」な雰囲気を持っているように感じられるのは、この処理に負うところが大きい。

2 これは、ぎっちりと描き込まれた絵である。画面のどの部分も隙なく構成しつくされている。紙一面に塗り込められているというだけでなく、一定の狭い範囲以上には同じ塗り方が続かない。均一に塗られている最も広い部分は、一番下の人間の足の間の暗がりである。

これは西洋人の目には、騒然とした落ちつきのない印象を与えるだろう。精神分析医の目には、「不安」と「強迫観念」の表れと映る。神経症気味の友人から届く、あらゆる話でギッチリとページが埋めつくされている手紙を読むのに似た印象だ。

3 しかし性急な診断や評価を下す前に、絵の下半分の構成の騒然としたようすを、背景の充満性とは切り離して察知する必要がある。描かれた人物に激しい動きがあるというだけではない。上方に向かって一種の渦巻の構図が見られ、その動きが、三角形の頂点に立つ男たちが作る対照的な方向性によって、さえぎられていることに気づくだろう。

対照的に上半部は静寂が支配している。供物を頭にのせてバランスを取る女たちは大きな静けさに包まれ、そのために、楽器を手にした男たちが、一見坐っているような印象さえ受ける。(実際は一緒に行進しているはずだ。)

この構成は、ふつうの西洋絵画とは正反対である。われわれは絵の下半部に安定を求める。動きを求めるとすれば、それはふつう上半部の方である。

4　今の点は、性的モチーフの読み込みを促す。そしてそういう話になれば、この絵には性的解釈を支える根拠が、リーチ氏の論じたタンガロアの像にひけをとらぬほど、揃っている。ちょっと気持ちをそちらの方向へ動かせば、土台に二頭のゾウの頭を伴った巨大なファルス(火葬の塔)が見えてくる。このオブジェは、狭い入り口を貫いて、静穏な中庭に挿し込まれ、さらに狭い通路への進入をうかがっている。そしてその根もとのあたりには、マコーリー卿の詩に出てくる騒然たるホムンクルスの群れが見てとれる。[*9]

誰一人その凄絶なる攻撃を指揮するものはなく、
後方からは「前進!」
前方からは「後退!」
の叫びが上がる。

ここまで思いをめぐらせれば、橋を守るホラティウスを謳ったこの詩の方も、負けず劣らず性的な主題を扱っているように思えてくるだろう。性的解釈のゲームは、その気にさえなれば、実にたやすく進んでいくものだ。絵の左手に見える樹中のヘビも、格好の題材になりそうである。

しかしまだ、性の物語と並行して別な主題を読み込み、それによって絵の理解を豊かにしていく余地が残されている。つまりこの絵を、葬儀の開始とファルスーヴァギナを同時に表している作品と見るのだ。するとわずかな想像力で、この絵が、騒然とたぎる熱情を、陽気で礼儀正しいバリ人の円滑な人間関係が包み込んでいることのメタファーとして見えてくるだろう。ホラティウスの話も、言うまでもなく、十九世紀大英帝国の理想を体現した神話である。

夢や神話や芸術を、関係ではなく何か個別的なものについて語っていると捉えるのは誤りなのではないか。先に触れたように、夢は隠喩的であり、夢に登場する「もの」(関係の両端にある個々の項目)をテーマとして、それに焦点を当てているわけではない。一般に行われている夢解釈では、夢に出てくる関係項を他の(しばしば性的な)関係項で置き換えるということをする。しかしそうすることで、われわれは単にもう一つの別な夢を作っているだけなのではないだろうか。性的な関係項こそが他のセットよりも基本的あるいは一次的であったりするアプリオリな理由があるのだろうか。

芸術作品にその種の解釈を施すと、芸術家は普通けげんな顔をするが、それは解釈が「いやらしい」からではない。彼が嫌うのは、一つの関係項だけに焦点を合わせる固定化した見方なのだと思う。テーマの固定化によって、芸術家にとっての、作品の深い意味が台無しになってしまうのだ。単にセックスについて、あるいは単に社会組織についての絵を描いたとしたら、面白味に欠ける作品になるに違いない。ここに挙げた絵がつまらなくない、意味深い絵であるのは、セックスを描くと同時に社会組織について描き、また葬列もその他のことも同時に描き出しているという、まさにその点によるのである。要するに、これは関係のみについての絵であり、「これ」と特定できるいかなる関係項についての絵でもない。

5　この絵のなかで、テーマの特定化を抑えるための処理がなされている点に注目したい。まず、火葬の塔が、全体の三分の一近くを占めるにもかかわらず、ほとんど目に入ってこない。もし絵師が「これは火葬の儀式だ」ということを高らかに主張するつもりなら、この部分は当然、背景からくっきり浮きあがるように描かれるはずである。同じく重要な焦点になるはずの棺も、中心部の真下という本来目を引く位置にきているにもかかわらず、見る人の目を引かない。その他にも、これが火葬のシーンだということを示すディテールがいくつも描き込まれているが、それらはみな素気なく、ちょうど木々のなかにいるヘビや鳥のような、ほとんど気まぐれに添えられた飾りものといった感じである。女たちは儀式の定め通りの供物を頭にのせ、男のうち二人はヤシ酒を入れた竹の容器を正式に携えているが、これらのディテールも何ら中心的な重みを担っていない。この絵は主題を明かすような描き方を一様に抑え、その分だけ絵の重点を3の項で述べた「沸き立ち」と「静けさ」との対照にゆだねる構成をとっていると言える。

6　要するに、この作品は「沸き立つもの」と「静かなるもの」との対照に集約される、というのがわたしの意見である。同様の対照または組み合わせは、先に見た葉の描き方にも見てとれる。そこでも、繁茂の沸き立ちを厳正な筆の運びが抑えこんでいる。

この結論から、先ほど掲げておいた問いへの一つの答えを導き出すことができる。――この作品を創る、あるいは味わう人の心は、システミックな〈智〉へ向けてどのように癒されるのか？　この絵は最終的に、「沸き立ち」あるいは「静けさ」のどちらか一方を目的として選ぶのは、乱暴な、誤った考えである、という思いを打ち出すものである。作者がこの絵を胸に抱き、それを形にしていく過程で、その誤りを明かす経験が得られたはずだ。二つの極は相互に依存しており、一方を排除して他方を選ぶことはできないということを、作品の統一と統合が主張している。この深く、普遍的な真実が、性と社会組織と死の領域において同時に打ち出されているのである。

——本稿[原題 "Style, Grace, and Information in Primitive Art"]は、一九六七年に開催された、プリミティヴな芸術に関するヴェナー゠グレン・カンファレンスで発表したポジションペーパー[引用等の学術的手続きを必要としない、問題提起の論文]である。アントニー・フォージ博士の編で、オックスフォード大学出版局より出版される予定の原稿を収録させていただいた。[学術会議の全容は一九七三年、*Primitive Art and Society* の題で出版された。]

■——原注

(1) 機械内部のすべての部分のはたらきが映像としてブラウン管に映し出される——その映像を映し出すための部分のはたらきも映し出される——そんなテレビを作ることが可能だろうか。

■——訳注

＊1 平たく言うと、相手の言う「雨だ」から得た情報が、雨粒の知覚から得た情報とダブる

こと(相手の言ったことが正しかったと知ること)で、相手と自分との関係についてすでに知っていたこと(「あいつは信頼できる」等)が確認される(今まで繰り返し得ていた情報を再度、冗長的に得る)、ということ。

＊2　まず道自体がパターンづけられている。(ケンブリッジへの道は、通る度に「同じ道」であり、その経験は冗長である。)そしてその道を知る(道に慣れる、等々)とき、道自体と対応した何らかのパターンが精神のなかに形成される。(「記憶」をたどることで、ここを左折したらどんな景色が現れるかを、ランダム以上の確率で知ることができる。)以上が、二重斜線にまたがって存在する冗長性。丸括弧内の一重斜線にまたがる冗長性は、言語化された意識と、慣れや勘を形成する精神のより「深い」部分との対応に関わる。

＊3　この実験の意義について、本書下巻の「エピステモロジーの病理」、および『精神と自然』第Ⅱ章その4「イメージは無意識に形成される」で詳述される。

＊4　「愛している」という発話に「ウソっぽいトーン」を絡めて、意図的に「なあんちゃって」のメタメッセージを伝えることがある一方、相手をだまそうとして発した「愛している」に(無意識に)伴う口調が、そのウソっぽさを露呈することもある。

＊5　たとえば「愛している」という発話に、声のふるえや瞳のうるみ等のシグナル群が付随するケースを考えると分かりやすい。「真実性の等級」は、後者のキネシックなシグナルの方が、高い(「深い」というべきか)ことになる。

＊6　本書中巻「遊びと空想の理論」第9項では、停戦の儀式の際に行われる模擬戦闘が、マ

ジな戦いに発展しうるという、ラドクリフ゠ブラウンの一九二〇年代の研究に触れている。

＊7　『精神と自然』第V章の「トーテミズム」の節で、黒板に素晴らしい動物の絵をサササッと描くコンラート・ローレンツ博士のことが、現代のトーテミストとして紹介されている。

＊8　三一七頁の図版からは見定めがたいが、よく見ると、たしかに描かれた図柄と縁との間に黒い隙間が確認できる。伝統的バリ島絵画では、闇の中に図が浮き立つような特徴が顕著に見られる。

＊9　十九世紀イギリスの文筆家・歴史家・政治家トーマス・マコーリーによる『古代ローマ詩集』(一八四二)所収の「橋の上のホラティウス」。伝説的軍人ホラティウスは他の勇者と共に、ティベール河にかかるスブリキウス橋の上に立ち、押し寄せるエトルリア人の軍勢から人々を逃がして後、橋の破壊による自死をもってローマの町を救った。この詩は第二次大戦を戦うチャーチル首相によって繰り返し引用された。

第二篇へのコメント

第二次大戦以後、いわゆる「学際的」研究というのが流行っているが、その「学際性」はふつう、生態学者が自分の調査した土地の岩石や土壌の知識を地質学者に求めるといった形のものだ。それとは違った種類の学際性を科学に求めることが可能であるとわたしは考える。

顕花植物の生長時に葉や枝がどういう形をとっていくかを観察するとき、茎と葉と芽の間に見られる形態関係が、一つの文章の中の品詞間の形態関係に似ていると感じられることがある。このとき、いわゆる〝葉〟は、「緑色した平たいやつ」としてでなく、(そこから葉が生じてくるところの)茎と、(葉と茎とがなす角度に生じてくる)芽(二次的な茎)との間に、ある特定の関係を結ぶもの、として見えている。現代の言語学者も、いわゆる〝名詞〟を、「人や場所やものの名前」としては見ていない。文構造において

「動詞」その他の部分とある特定の関係を結ぶ一クラスの語群のメンバー、として見ている。

関係の両端にくる「もの」（関係項）から考え始める人たちは、葉と名詞とは外見上なんら似たところがないという理由から、文法と植物組織との類比を強引なこじつけとして斥《しりぞ》けることだろう。ところが関係を第一に考え、関係項を関係によってのみ規定されるものと捉えるとき、われわれの前には、こんな疑問が立ち現れてくる。――文法と植物構造の間のアナロジーはなにか本質的なものではないだろうか？　そのようなアナロジーを扱う学際的な研究とはどのようなものだろう？　それは一体何を研究するものなのだろう？　これほどかけ離れたものをつなぐアナロジーに、なぜわれわれは意味を見出したりするのだろう？

自分の行なっている類比に意味があると考えるとき、それによって主張していることが厳密に何なのかをはっきりさせることが大事である。今の例は、名詞が葉に似ているとは主張していない。葉と茎の関係が名詞と動詞の関係に等しいとも主張していない。それが主張しているのは、第一に、植物の構造でも文の構造でも、構成要素は要素相互の関係に従って分類される、という点である。どちらのケースでも、関係の方が何らかの意味で一次的であり、関係付けられるものは二次的なものにしかならない。それともう一つ、ここにおける関係は情報交換のプロセスによって発生するタイプのものだということも主張されている。

これはコンテクストとコンテンツの問題だ。さまざまな様態をとる、あの謎めいた関係が、植物の構造研究にも、言語構造の研究にも、姿を現してくるのである。〝相同〟の研究に憑《つ》かれていた十九世紀の進化論者も、実はまさしく、生物の形態が展開するコンテクスト構造を研究していたのである。

文法構造も生物構造も、ともにコミュニケーションと組織形成のプロセスの所産だということを思えば、これはほとんど当たり前のことだとも言える。植物の構造は、遺伝子からの指令が複雑に変換された姿であり、遺伝子の〝言語〟も、他の言語同様、必然的にコンテクスト構造を持つはずである。さらに、どんなコミュニケーションにおいても、メッセージのコンテクスト構造と、受け手による何らかの構造化との間に関連があるはずだ。すべての細胞の染色体によって運ばれている遺伝的な指令が、植物組織によって読み取られるためには、その時々に細胞や組織が何らかのコンテクスト構造をなして存在していることが必要である。

以上の点から、第二篇のタイトルとして使われている「形式とパターン」という言葉の意味が明確になったはずだ。ここで展開されてきた議論は、内容よりも形式に、一定のコンテクストの「なか」で生じる個々の事柄よりもコンテクストそのものに、関係付けられた人間ないし現象よりも関係そのものに、焦点を結んでいる。

ここに収録した論文は、一九三五年に書いた「分裂生成」の議論に始まり、サイバネティクス誕生以後に書かれた二つの論文にわたる。

一九三五年当時、わたしはまだ「コンテクスト」というものが中心的重要性を持っていることを明確には理解していなかった。分裂生成のプロセスが、生命世界に深く関わるものに思えたのは、そこに進化のはたらきが見て取れたからである。人間間の相互作用がその強度の増大によって漸次的な質的変化をこうむるとすれば、これこそまさしく文化的進化の素材ではないだろうか、もしそうだとすれば、生物の進化、系統発生といったものまで含む、すべての一方向的変化の原因が、有機体間の累進的相互作用に求められるのではないか――そうわたしは考えた。自然選択のもとで、そのような関係性の変化は、有機体構造や生理機能における累進的変化を選り好みするだろう、と。

恐竜のサイズと戦闘力の累進的増大プロセスを見ていくときには、そのような軍拡競争的相互作用――分裂生成プロセス――を論じるだけで十分だ。しかし、エオヒップス［最古のウマ］からウマへの進化という場合、それが草原での生活への一方的な適応ではないということに、当時のわたしは気づいていなかった。草原自体がウマその他の有蹄動物の歯とヒヅメの進化と歩調を合わせて進化してきたはずである。ウマの進化に対する草原からの答えとして芝地がある、ということだ。つまり、コンテクストこそが進化する。

振り返ってみると、分裂生成プロセスを対称型と相補型とに分類することで、わたしはすでに行動のコンテクストの分類をやっていたのだった。同時にわたしは、その一九三五年の論文で、相補的な行動のテーマの組み合わせを見ていくことが有益だという考えを出している。そして自分自身気づいてはいなかったけれども、「国民性」の論文でやっていることは、まさにそのことである。一九四二年には、国民性というものへの関心は高かった。この論文は、イギリス人とアメリカ人の対照を考えていくうちに、「見物」が、イギリスでは依存や服従と結びついた「子供的」な特性を持つのに対して、アメリカでは「支配」や「保護」と結びついて「親的」特性を持つということにうまく思い当たったことが出発点になっている。

〝末端連結〟end-linkageという名で呼んだこの仮説は、わたしの思索の転換点を画すものとなった。それからわたしは、相互作用の強度を云々することを離れて、もっと「質」的な、コンテクストの構造というものに意識して思考を向けるようになった。末端連結の現象は、一つの点で特に重要だった。それは、「コンテクスト構造もそれ自体メッセージになる」という——一九四二年の論文では触れられていないものの——大事なポイントを示してくれたことである。他人を讃えるときのイギリス人は、相手に対して「参りました」(服従)とか「あなたにすがりたい」(依存)というシグナルを暗に送っているわけであり、自分を陳列する、あるいは自分に注意を集めようとするイギリス人は、支配や優越のシグナルを送っている。本を著すとき、イギリス人はみなそういうことをしている。アメリカ人なら逆だろう。アメリカ人が自慢するとき、彼は親が子供に対して示すような是認以上のものを、相手に求めてはいないのである。

コンテクストの概念は「プリミティヴな芸術……」にもふたたび現れるが、そこで「コンテクスト」の概念は、「冗長性」「パターン」「意味」等の関連概念と出会うところまで進化している。

ベイトソンの歩み（I）――訳者

真に偉大な挑戦に対し、軽々しい賛辞は慎むべきだが、それでも本書を前にすると、慎ましさのタガが外れてしまう。中身を知れば知るほど、なんて特別な一冊なんだと、人に吹聴したくなる。まるで古代ギリシャの自然哲学者が、万物の――否、万のマインドの――本源を問いながら、二十世紀の風景の中を――ネズミの駆け回る心理学実験室や、神経症患者のセラピールームの間を――歩いて回るかのようだ。唯物論の支配するチマチマした人間科学に自分の行き場はないことを知ってなお、現代の論理学や、システム工学にインスパイアされ、諸学会からほとんど総スカンに近い扱いを受けながら六十代の後半まで粘り抜いた。未開民族、統合失調症、生物の対称性、進化と学習といった広大で茫漠とした領域を跋渉《ばっしょう》し、「研究が進んだことの結果として、はじめて何を研究していたのかが分かる」(二二頁)境地に達した。そこに至るまでの長い足取り《ステップス》を収めたのが本書*Steps to an Ecology of Mind*(1972)である。(このたび文庫版作成にあたり、原題の意を汲んで、一九九〇年刊行の思索社版『精神の生態学』を『精神の生態学へ』と改名した。)

原書の版元は、チャンドラーという名のサンフランシスコの小出版社。初版に序文を書いたマーク・エンゲルは、ハワイ大学を卒業したての元学生だが、これはカウンターカルチャー世代を意識したパフォーマンスではあるまい。単純に、この本について書ける大人がいなかった、つまり長きにわたる一匹狼ぶりが嵩じて、既成アカデミズムとの折り合いがそれほど悪くなっていたのである。

ベイトソンから見たら、二十世紀の学問の現場こそ、殺伐としていたのだろう。「みなさん何をやってらっしゃるのか」と不満を漏らし、「こんな風にやってみたらいいかがかな?」と独自の技を披露し始める。周りがついてこないのを見て、よーしとばかり最新の思考の道具を使って技を鍛え、精緻化していく。そのためますます「民主的」な大勢から遠くなる……。

そんな本が、半世紀にわたって広く読み継がれてきたのは、ベイトソンのステップスにこそ未来があったことの証である。科学史の一時期において学術の正統から放逐されてしまった「系全体《システム》を捉える眼」を歴史につなぎ止めるはたらきを彼はした。そしていくつかの新しい思考ツールを作って次の時代へ受け渡した。これは単なる思想の書ではなく、思考の手順に徹底的にこだわった実用書なのである。

科学者が、機械化された巨大な組織の構成員になってしまった時代に、グレゴリー・ベイトソンは、対象と裸眼で対面し、生き物の営みを素のまま観察する学問を続けた。今日も、科学研究と言えば、電子顕微鏡や電波望遠鏡を覗き、ＭＲＩで人体をスキャンし、あるいはナノ・テクノロジーを介してミクロの世界に手を伸ばしたりすることと同義である。それらお金の掛かる研究に資金が流れ、学会と業界と施政者を結ぶインダストリーが回転するなかで、裸眼による観察者には、どうしてもアマチュアっぽい、「町の科学おじさん」のようなイメージがつきまとう。

たとえばある若者の行動が常軌を逸するようになった。その原因を「科学」は、脳内の分泌や、遺伝子の機構に求めたがる。さもなくば、精神分析学の専門家だけが読み解ける用語の絡みの中へ落とし込む。するとそこへ、ベイトソンがやってくる。彼はフィールドワーカーだ。メモパッドとせいぜい録音機くらいしか必要としない。そして、母子の会話を聞いて、こんな感じの診断をする――「メッセージとメタメッセージが捻れてますね。このお母さん、言葉でこう言っていても、態度と表情からは矛盾したメッセージが出まくってますよ」。朴訥で鋭敏、ラフなスタイルで鋭い裸眼を光らせる、刑事コロンボを科学者にしたみたいな男。

動物園に行ってはカワウソがじゃれ合う姿を見守り、自宅の水槽で複数のタコを飼って観察した。イルカと一緒にプールに入った。いかにも素朴。しかし、それによって、生き物が周囲との関係において動く生きたデータが手に入る。振り返ってみると、ベイトソンの存在意義は、現代の巨大化かつ微小化した科学研究を、十九世紀の自然《ナチュラル》・史学《ヒストリー》の等身大の視点を宛てがうことによって補完するところにあったように思われる。

ベイトソンの出自を語るには、祖父ウィリアム・ヘンリー・ベイトソン(一八一二―一八一)に遡る必要があるだろう。この人は、産業革命期に財を成したリヴァプールの商人の息子で、サミュエル・バトラーの祖父(サミュエル)の教育を受けた、旧宗教勢力とは一線を画す知識人だった。法学も神学も修めた教育家の彼は、一八五七年ケンブリッジ大学セント・ジョンズ・カレッジの学長《マスター》に就任すると、さまざまな改革を断行。生涯にわたって学長職に留まり、ハクスリー家やホワイトヘッド家など、生物学や哲学を刷新していく名門家族との親交も深める。当時の学問教育界を激震させた出来事が、ダーウィン進化論の出現(一八五九)である。後に孫のグレゴリーが傾倒するサミュエル・バトラーも、これに大きな衝撃を受け、機械論的なダーウィニズムに対抗し、有機体の経験に意味を持たせる理論を発信していくのである。

グレゴリーの父ウィリアム(一八六一—一九二六)は、バトラーより一世代若く、徹底した実証によって、ダーウィニズムに対し、反論ではなく部分的修正を施した生物学者である。ランダムに起こる変異の上に自然選択がはたらく、というのがダーウィン説の骨子だが、生物の形質には、連続的に変異するものと不連続(跳躍的)に変異するものがある。その不連続な変異にはたらく規則性を彼は探究した。自然界のしくみは単にランダムであるだけか？　そこには「逸脱を仕切る秩序」があるのではないか？　ウィリアムはロシア、トルキスタン、エジプトまで巡って膨大な数の変異の実例を調査し、大著『変異の研究のためのマテリアル』(一八九四)を出版する。特に甲虫類の肢の異常について、奇形に見られる規則性を追究し、発生の背後ではたらいているに違いない規則を発表する。(その内容は本書下巻「「ベイトソンのルール」再考」を通して知ることができる。)さらにメンデルのエンドウマメの研究の存在に気づき、変異の背後に単純な算術が支配していることを見て、遺伝因子の存在を措定した。そして一九〇四年、生まれてきた三男を、グレゴール・メンデルに因んでグレゴリーと名づけた。

一九一〇年、ウィリアムはジョン・イネス園芸研究所の初代所長に就任、ロンドン郊外の町マートンの屋敷での居住が始まった。ケンブリッジの知的サークルから離れることになったが、逆にその意識が、屋敷を週末のディナーと談笑の場にした。第一次世界大戦前の佳き時代、グレゴリー少年は、訪れる科学者や文化人に可愛がられながら育った。屋敷の壁には、ブレイクの『イヴに勝ち誇るサタン』が掛かっており、広い庭園は、格好の昆虫採集の場となった。

大戦末期に六つ年長の長兄ジョンが戦死。その四年後、グレゴリーの高校卒業時に、五つ上の兄マーティンが自死——ピカデリー・サーカスの中央に立つエロス像の下で、ピストルで頭を撃ち抜くという派手な失恋自殺だった。

一家の古巣のようなキャンパスでグレゴリーは、自然史愛好クラブのメンバーとして活動的な日々を送った。同期の仲間には、本書で謝辞を捧げられている後の陸水学者イヴリン・ハチンソンも含まれる。本巻「民族の観察データから私は何を考えたか」には、比較解剖学の優等卒業試験《トライポス》で答案をでっちあげたようすが綴られている(一八八頁)が、この反抗はエリート学生の余裕の現れと見るべきだろう。恵まれた環境でグレゴリーは、生物の形態の規則性に反応する感性と、それを論理化する知性を鍛えられた。生物の形態を、こと細かに測定して比較しても意味はない。その背後にはたらくパターンとシンメトリーを捉えなくてはならない。

この時期父はアカアシイワシャコという、筋模様のきれいなキジ科の鳥について、その縞のパターンの異常を調べる研究を始めていた。一九二四年の夏休み、息子は父に代わってスイスに行き、二つの博物館を調査している。その結果は、後に父子連名の論文として『遺伝学《ジェネティクス》』誌に掲載された。次の年には、ある富豪の要請で、生物種の案内人としてダーウィンゆかりのガラパゴス諸島を訪れるという幸運にも恵まれた。だがパナマ運河の町コロンや帰路立ち寄ったニューヨーク市を含め、広い世界を旅したことは、グレゴリーの関心を、生物から人間に向けてしまう。研究室と博物館に閉じこもる父親の家業を継ぐことは、喧噪の一九二〇年代を生きる才能あふれる若者に、次第に重荷になってきていた。

そんな折に、ケンブリッジ大学の人類学調査の草分け的存在であるA・C・ハッドンとの出会いがあった。当時七十歳のハッドンは、もともと海洋生物学者だったのだが、調査先の島で、現地人の生活に魅せられた。彼と仲間の数人が、旧来の社会進化論的視点(進化のどの段階にあるかという視点で未開人を見る)から人類学を解放し、観察データを重んじる科学にしたのである。彼らに育てられたなかで、新世代の旗手となったのが、『西太平洋の遠洋航海者』(一九二二)を著したブロニスワフ・マリノフスキーと、『アンダマン島人』(一九二二)の著者アルフレッド・ラドクリフ＝ブラウン。長期の現地滞在による参与観察によって社会の構造を見定め、それとの機能的関連において人々の営みを見る「社会人類学」が、ここに確立されたのである。社会という動かしがたい制度との関わりに人々の営みを絞り込むことで学問的厳正さを保とうとするこのアプローチは、しかし「文化」というふわふわしたものを扱いにくくした。

しかし人間とは、科学の対象とするにはそもそもふわついた存在である。そんな人間集団のふるまいに、できるだけ厳密な(ほとんど数理的な)論理をあてがうことに、ベイトソンは邁進していくのである。

ソ連の科学アカデミーに招かれた父親が帰国後体調を崩し、あっけなく逝ってしまったその翌年、ハッドンから指示されてグレゴリーは南方へ旅立った。シドニー大学でラドクリフ＝ブラウンの知己も得て、ニューブリテン島北東部のバイニング族の村に入ったのが一九二七年四月のこと。このときの新米フィールドワーカーの戸惑いが、「民族の観察データから私は何を考えたか」で語られている(一九二頁—)。何となく文化の「感触《フィール》」は感じられるものの、成員の個々の行動から、それを記述することはできない。翌年、海辺の民スルカ族に対象を切り替えたが、これも成果は出ず、ところが三年目に、セピク河流域に住む、荒々しく派手やかなイアトムル族のもとを訪れると、俄然調査が進むようになった。

ケンブリッジに戻って、修士論文を書き上げ、一九三二年の初頭、再度セピク河流域に赴く。この調査は、十五カ月続いた。その間に、同じ河の流域で調査していた夫妻が、彼の一人用の蚊帳張り小屋に転がり込んできた。マラリアの発熱と戦うマーガレット・ミードと夫のニュージーランド出身の人類学者レオ・フォーチュン。コロンビア大学でフランツ・ボアズ教授に学び、『サモアの思春期』(一九二八)で早くも有名になっていたミードの存在は、「人間的」な人類学を求めるベイトソンにとって大きかったに違いない。米国の人類学では「文化」と「人」が強調される。ニューギニアでの彼女の調査も、セピク河沿いの三つの部族を対象に、男女の気質 temperament を調べるものだった。隣接地域で、男女の気質に大きな差が生まれる場合とそうでない場合がある。ベイトソンの調べるイアトムル族にも、きわめて大きな男女の違いが存在する。それはなぜか。

ジャングル内の劣悪なシェルターで、三人の男女が知的渇望と個人的愛憎をたぎらせながら議論を繰り返す日々は、後々さまざまに語られてきた。本稿にとって重要なのは、ベイトソンの頭の中で、社会構造を重んじる英国流と人の気質に目を向ける米国流の人類学が、父親譲りのパターンへの渇望を癒す形で融合しつつあったということだ。イアトムル族は「ナヴェン」と呼ばれる興味深い儀式を行う。若者が初めて敵を殺すなど、記念的な雄々しい行為をした後、親戚が集まってその行為を祝うとき、父方のオバたちは立派な男の格好をし、母方のオジたちは女の着物で登場する。そればかりかふざけて若者に尻を差し出したりする。「性」が彼らの社会を構造づけているのは明白だった。

イアトムル族の男女の気質の差に関してベイトソンの行き着いた説明は一見単純だが、「関係性」を分類するという意味で、非常に根本的(基底的)である。男が女に対して、Aの行為または作用をすると、女は男にBをもって反応する。それがA(たとえば「威張り」)を強めるものである場合、さらなるAを受けた女はさらなるB(「威張られの甘受」または「優しい屈従」)を返し、こうして両者は、それぞれの性格に分化されていくだろう。このように、互いの相互作用の中から、両者の特質が分化していく過程を彼は「分裂生成」schismogenesisと呼んだ。この例の場合は、AとBとが相互にフィットする対照を見せるので、「相補的」な型に属する。この部族の男たちが、隣の部族の男たちとの間で、お互いに「威張り合い」をするなら、Aの応酬がエスカレートして、一触即発の緊張をもたらすかもしれない。これが「対称的」な分裂生成である。緊張を強いられる点は、相補的な関係も同じだ。イアトムル族に、男女の役割交換を伴う儀式(ナヴェン)があるのは、それによって男女間のテンションが、一時的にも解放されるからだろう。

三人のフィールドワーカーの緊張関係はやがてひび割れ、一九三三年春には、三人がバラバラとなる。グレゴリーもケンブリッジに帰った。とにかく本を書かなくてはならない。その本は、「ナヴェン」をタイトルとして、「三つの観点から得られた合成図から示唆されるニューギニアの一民族の文化の諸問題の考察」との副題がついた。「三つの観点」とは、「実際的」pragmatic「情動的」ethological「構造的」structural であるが、それらは対象に内在する「部分」ではなく、対象を見る側の「観点」なのだという主張がこもっている。本巻所収の「文化接触と分裂生成」(一九三五)は、『ナヴェン』刊行の前年に、米国社会科学研究評議会(SSRC)の意見書に見られる文化接触の認識を批判したものだが、その批判は、異文化政策のイデオロギーではなく対象を捉える方法(エピステモロジー)に向けられている。すなわち、人間であれ何であれ、ある「生態」を相手にして、それをどのように見ていったらより真っ当に知ることができるかと問うところが、結局一生変わらなかったベイトソンの流儀なのである。

『ナヴェン』の原稿をケンブリッジ大学出版局に預けたグレゴリーは、校了を迎える前の一九三六年一月、シンガポールに向かう。マーガレットと結婚式を挙げるためだ。そのまま二人はバリ島に向かった。花嫁衣裳は映写機をくるむ布となった。新婚の一人はファインダーを覗き、もう一人はペンを走らせる、対象を二重に記述する方法が人類学のフィールドに導入された初の大々的調査。彼らは島の高地にある貧しい村バユン・グデに落ち着き、三八年二月まで調査を続けた。二万五千枚の写真が撮られ、撮影済みの16ミリフィルムは二万二千フィートに及んだ。（そのうち七百五十九枚のスチールが、「借りた赤ん坊」「少年の癇癪」「家と死体」等のタイトルが付いた百の図版プレートに分類され、ミードによる総括的論文を伴って一九四二年、『バリ島人の性格――写真による分析』が出版される。）

この著作は、映像人類学の始まりとして特記されるだけではない。カメラの向かう先が、多くの場合、子供と周囲との相互作用にある点が、重要な特徴である。つまり、文化の基盤に、成長してくる子供たちの学習過程を据えている。生物の発生とは違い、文化成員の性格の形成に遺伝子は関係しないとしたら、文化はいかにして、その同質性・一貫性を確保するのか。それを調べていくには、社会の構造と機能を見ていくだけではなく、人間のパーソナリティというものを可変項《ヴァリアブル》として扱う、次の段階の人類学が必要だったわけだ。

第二次大戦期にベイトソンとミードの夫妻は、合衆国のさまざまな機関に協力して、敵の民族の性格、慣習、思考傾向の分析をし、民主主義の勝利のために持ち前の知見を披露するが、それらの議論のうちから、「国民の士気と国民性」という論考が本巻に収められている(初出は『市民の士気』と題する一九四二年刊行の本)。ここでは「末端連結」end-linkageという概念が活用される。「国民性」という差異の存在を措定し、その組成を、分裂生成とともに生じる両端の連結具合によって記述する方法である。

たとえばバリ島の首長と民衆の関係が述べられている部分(二二三―二二四頁)を見てみよう。低位者の〈養護〉に高位者が〈依存〉する関係が述べられ、人間に憑依した「神」が「父」ではなく「子」としてふるまう点が、キリスト教信仰とは対照的だと記されている。これは伝統的な日本文化とも通じるパターンではないだろうか。「奥」を守るしっかりものの女房の〈養護〉に、偉そうに〈依存〉する亭主。その「甘えの構造」を、末端連結の考え方は、きわめてシンプルな因子の結合で説明してしまう。往年のレディー・ファーストの国アメリカでは、日本と逆に夫が妻を庇護する一方、世間に向けては見せびらかすことが規範的だった。そこでは〈支配〉と〈養護〉と〈見せる〉がリンクしている。このように、それぞれの文化において関係性のターム(両端の語彙)が異なる形で配線されている。ゆるいといえばゆるい考え方だが、誰もが漠然と感じることを、数個の要素の組み合わせで説明してしまう。単純な論理の帰結が、直感と一致するところが驚きだ。

しかし喫緊なのは「国民性」よりもまず、「ナチスとはどんな種類の人間たちか」に答えることだった。その資料を、ベイトソンは彼らのプロパガンダ映画に求め、ニューヨーク近代美術館で『ヒトラー青年クヴェックス』(一九三三)の綿密な分析を行なっている(本稿末尾参照)。さらにはOSS(戦略情報局、CIAの前身)に所属して東南アジアの戦線に赴き、日本軍の士気を挫くプロパガンダの作成等にも関わった。だがこの種の関わりを後に彼は嘆いて、人類学的知見を、目的のための手段とすることに、強い不信を表明することになる。

科学者の学際的な集まりとして画期的なメイシー・カンファレンスとの関わりは、「謝辞」にも記されている通り、一九四二年の初会合に遡る。その起点の一つは、MITで対空兵器の研究をしていたノーバート・ウィーナーと、助手として計算機による論理のシミュレーションに関わっていたジュリアン・ビゲローが、ハーバード大学にいたメキシコ出身の生理学者アルトゥロ・ローゼンブルースとの共同研究を始めたこと。生物の目的的行動を数学的にいかに把握するかという彼らの探究に、イリノイ大学シカゴ校にいた神経生理学者のウォーレン・マカロックも連帯し、そこにメイシー財団のフランク・フリーモント＝スミス(医学博士)が動いて、大胆な学際的会合が催される。社会科学の分野からも、ベイトソンとミードが迎え入れられたのだった。終戦後、メイシー財団の学際会議は「サイバネティクス」の看板を大枠として掲げながら、一九四六年から五三年まで都合十回開催された。ウィーナーやジョン・フォン・ノイマンを含む、当代最高の理数系頭脳が牽引する論議からベイトソンは、巡回路《サーキット》、閾値、負のフィードバック、論理階型《ロジカル・タイプ》といった、後の思考を彩る思考ツールを引き出すのである。

それらのツールを、人類学調査のデータ分析に活かした例が、本書所収の論文「バリ——定常型社会の価値体系」(一九四九)である。副題に「ステディ・ステイト」という電子回路の用語を使っている。我の張り合いが抑えられることでバランスが保たれるバリ島の社会機制のありようを、「負のフィードバック」の観念によって説明したものだ。われわれ(少なくともかつての日本人)が、西洋の自由闊達な個我との比較において否定的に捉えてきた特性——自立心に欠け、争いごとを避けて共同体の和を尊ぶ——に、ベイトソンの理論は、ポジティヴな言葉で新しい光を当てている。目先の利益ばかりに支配されがちな現代人へのアンチテーゼとして理想化したところもあったのだろう。その点は、フォン・ノイマンの〈ゲームの理論〉に見る純粋に利得的なプレイヤーと、バリにおける人生ゲームを比較している部分に明らかだ。単線的な価値体系を抑え込んで、社会のバランスに資する回路を備えたバリの文化社会が、西欧型のシステムと逆の原理を組み込んだものとして象徴化されている。

だがこの時期は、グレゴリーにとって苦難の時でもあった。セイロン、インド、ビルマなどでの活動からニューヨークの家に帰国して一年ほどで、マーガレットとの亀裂を全面化させ、別居に至る。職も不安定で、一九四六年から一年は現在のニュースクール大学で客員として教え、翌年はハーバード大学に客員で雇われたが、これは更新されなかった。「バリ」の論文執筆に対して与えられたグッゲンハイム研究奨励金も一度限りのものであり、プロの研究者として、ほとんど行き場を失い、自らサイコセラピーにかかるほどだった。まだ小さかった娘のキャシー(メアリー・キャサリン)も、この時期の父の落ち込みぶりが心に残っていたらしく、後のメモワール『娘の眼から』で触れている。

本巻第一篇の最初を飾るメタローグ「物はなぜゴチャマゼになるのか」は一九四八年執筆というから、キャシーが八歳のときに書かれた。熱力学第二法則(エントロピー増大の法則)を、ちゃんと確率論的な説明つきで、子供にも分かるように教える芸達者な書き物だが、掲載の場があったわけでもない。C・P・スノー卿が、「二つの文化」と題する講演で、文系の語彙と理系の語彙の乖離を難じ、エントロピーの何であるかを知っている人がどれだけいるか、と嘆き始めたのがこの十年先のこと。一九四八年に、エントロピーはなぜ増大するのか——閉じた系内における差異化または秩序はどうして崩れる運命にあり、なぜ物事はランダムネスが極大化する方向へ動くか——を話題にして、通じる相手がどれだけいたか。しかも、それをテーマにした対話自体がとっちらかって、収拾がつかなくなる「メタローグ」の形で行うことの面白みが、通じる人が？　ここでの「パパ」に、少女アリスを相手に話す数学者チャールズ・ドジソン(ルイス・キャロル)の面影が重なるのは、切れすぎる頭を持った男の悲哀を、子供相手に紛らわしているように感じるからかもしれない。いや、これは思い過ごしか。

晩年に至るまでベイトソンは、「エントロピー」も「サクラメント」も知らない人間が、アカデミアに溢れていることを嘆いていた。本書序章「精神と秩序の科学」でも、この二つの概念を、「基底の知」に関わるものとして特記し、いやしくも科学をするのであれば、これらの概念の地平にまで議論を導き入れなければ不足だろうと吠えている。〝自我〟だとか〝本能〟だとか、人間たちの言語的想像力が「研究促進」のためにでっち上げた浅薄な概念に閉じこもって、科学的な説明をしている気になるな、というわけだ(二五頁)。

結局、サンフランシスコの精神分析医ジャーゲン・ルーシュから、共同研究の話が舞い込んで、一九四八年西海岸に渡る。診療室で交わされる医者と患者の、コトバを通した相互作用を記録し分析する作業がそこで始まり、これがベイトソンの一九五〇年代の方向性を決定する。パロ・アルトの「退役軍人局病院付き民族学者」という、奇妙に恵まれた役職に就いて、動物園で遊ぶカワウソの観察から、統合失調症の理論およびセラピーの歴史に深く重要な足跡を刻むことになる成果を得るのだが、その先の話は中巻に譲ろう。

マーガレット・ミードとは一九五〇年に正式に離婚するが、サンフランシスコに移ってからは、夏休みになると訪れてくるキャシーと「二十の扉」のゲームをし、キャンプに出るのを楽しみとした。『娘の眼から』によれば、二人の「二十の扉」は、「動物ですか、植物ですか、鉱物ですか」ではなく、「抽象物ですか、具象物ですか」を第一問とする。問いの宇宙に、大きな二分を施してから、順番に小さく二分していく。こうすれば最少の質問数で「正解」をゲットできる。この数が、「ビット」で表される情報量である。たくさんの質問で区切らなければ行き着かない系は、その分乱雑で、「エントロピーが高い」。"Daddy, how much do you know?" という質問で始まるメタローグ「知識の量を測ること」は、情報理論のベースを教えつつ、学校のテストが拠って立つ生半可な根拠を皮肉るものとなっている。

言葉いじりとパラドクスを愛好した点も、ルイス・キャロルばりだった。論理を徹底させた上でそれが転倒するのを楽しむ、知的倒錯に耽溺したと言ってもいいほどである。

もちろん、遊ぶだけではない。単線的な論理で仕切ろうとする人間の「意識の思考」の外側に、子供のころから接してきた「自然の思考」——人間も無意識に共有する、大いなる規則性の巡り——を置いて、両者の対比と統合を理論的に組み立てていく。そして意識のみによる硬い思考がもたらす弊害を訴え、意識の探り針が届かない「美」と「神聖さ」の問題をメタロジカルに捉えようとする。

メタローグ「輪郭はなぜあるのか」に、『不思議の国のアリス』の、奇妙なクロッケー（ハリネズミのボールを、フラミンゴの首で打つ）が出てくる。生きたプレイヤーが演じるゲームが、〈ゲーム理論〉の完璧に理性的なゲームとどう違うのか。姉妹篇の「ゲームすること、マジメであること」では、無矛盾的な論理のゲームが、筋道が決まっているという意味で「クリシェ」——あらかじめ順番通りに固めた活字の棒——に喩えられている。そして、それとは別に「生きるゲーム」というものがあって、子イヌや子ネコの遊びは、こちらのゲームのルールで捉えなくてはならないとする（七五—七六頁）。この点は、翌年学会発表される「遊びと空想の理論」（本書中巻）へ展開されていく重要なポイントである。生のゲームは、先が予測不能だからこそ、パラドクシカルな紛糾にも捕らえられるのだ。そして実験室で調査されるのとは別レベルのひらめきの学習も起こるのだ——ダブルバインド仮説へ、学習と進化の理論へと至るベイトソンの理論的疾走が、ここに始まる。

上記の三篇のメタローグはどれも、一般意味論のジャーナル『ETC.《エトセトラ》』の一九五三年発行の号に掲載された。言語学がコミュニケーションの言語的要素(文や語や音素)を抽出し、分析的に見つめるのと対照的に、一九五〇年代を中心に盛り上がりを見せた一般意味論は、言外の意味作用を広く包括し、メタ言語、パラ言語、身振り言語《キネシクス》などを問題にした。「フランス人は、なぜ(腕を振ってしゃべるのか)?」についてのメタローグの末尾で、ベイトソンは、言語《ランゲイッジ》を言葉《ワーズ》に還元するのはナンセンスだと言い切っている(六二頁)。関係が最初にあって、関係でつながれる二者の性質は事後的に生じる。分裂生成と同様の発想だ。言語学の授業で生成文法について習った読者は、NP(名詞句)―VP(動詞句)を結ぶ線を覚えておられるだろうが、ベイトソン哲学ではあの線が最初にあって、NやVのような実体風の存在者は、二次的な産物となるのである。

それに関して、追加の説明が、「第二篇へのコメント」として載っている。言語構造における名詞と動詞の関係が、顕花植物の葉と茎の関係に似ていることに触れて、それは名詞が葉っぱで動詞が茎のようだということではなく、「植物の構造でも文の構造でも、構成要素は要素相互の関係に従って分類される」ということだ(三二九頁)。言語というものを構成要素の粒子(単語)に砕いて、積み木風に考えてはならない。まずはコミユニケーションの宇宙全体に目を向け、不可視のコンテクストの連なりから始めて、それがいかにコトバの層で構文を分枝させ、と同時にコトバと口調と表情と身振りによる階層的な意味構造を作り上げていくのかを見据えなくてはならない。ベイトソンの課す要求は重い。

その上に、美と神聖さの問題が加わる。メタローグ「なぜ白鳥に?」(一九五四)で、娘が求められるのは、「メタファー」と意識されるなぞらえと、その意識の伴わない「サクラメント」との分別である。前者は世俗的であるが、後者は宗教的である。西洋の近代化と並行して起こった宗教革命において、聖餐式のパンとワインが、サクラメントからメタファーに置き換わったと、父は説明する。そしてチャイコフスキーの『白鳥の湖』や、ストラヴィンスキーの『ペトルーシュカ』で踊るバレリーナの芸術性を十全に鑑賞するには、「白鳥のよう」「人形のよう」というメタファーのレベルから、「のよう」というラベルが脱落した、神聖さの伝達領域が活性化されなくてはならない。

と、このようにまとめてみると、この議論は、一九六七年のカンファレンスのために書かれた「プリミティヴな芸術のスタイルと優美と情報」と重なり合う。その年のアメリカは、カウンターカルチャーの最盛期で、知的階層の間でも、近代合理主義に対するアンチテーゼが求められた時代である。ベイトソンの側からすれば、それまで人類学者にもセラピストにも容易に理解されてこなかった超ややこしい持論を、聞き届けられるようにまとめるチャンスを得たことになる。バリ島の一枚の絵画を説明するにあたって、意識と無意識の全体からなる精神のモデルを提示し、意識の限界と芸術の治癒的な性格について図解しながら、バリの絵画がもたらすコミュニケーションの全体性を賞揚する論旨は分かりやすい。また返す刀で、目を凝らして細部の再現にこだわるばかりのリアリズムと、夢と無意識の横溢に価値を置くシュルレアリスムに分断された西洋絵画の現状を指摘するところも、聴衆ウケしたことだろう。ただ、「意味」という観念が、パターン―冗長性―情報―拘束という一連の観念と同義だという(二八三頁)、本論の出発点の議論は、分かりやすいものではない。(同時期に書かれた別の論文「サイバネティクスの説明法」〔下巻〕を併読することをお勧めする。)

序章に、聖書創世記の冒頭とイアトムル族の国造り神話が並置されている(三三頁―)。前者では、超越した神の〈ことば〉の作用で海と陸が分かれる――「天の下の水はひとつ所にあつまり、かわいた地よ、現れいでよ」。後者では、常に泥をかき混ぜていた巨大なワニを、文化英雄ケヴェンブアンガが殺すことで攪拌が収まり、陸地と水域が分かれる。秩序は、前者では外なる絶対者によって在らしめられ、後者では、混沌のクリエーターの制止によってもたらされる。ベイトソンの科学は、宇宙創世以前の世界のありようを思い描かせるところがある。まったく差異のない、伝えるべき情報が来ない、すべてが斉一化してエントロピーの大海のようになった状況。グノーシス神学が説く「プレローマ」のような充満。これが想像できないと、拘束＝パターン＝意味という同義関係を納得するのは難しい。

三度目の結婚相手のロイス・キャマックと一緒に、自宅の水槽でタコを飼って観察したと「謝辞」に書かれているが、中座したこの研究について、一九七〇年代のカリフォルニア大学サンタ・クルーズ校でベイトソンに学んだフィリップ・グッデミが「タコから国家まで」という副題を持つ研究書で紹介している(本稿末尾参照)。タコの飼育と観察は、五年以上も続いたらしい。が、研究奨励金を志願しても、拾ってくれるところはなかった。グッデミの本が冒頭に掲げているのは、ベイトソンがウォーレン・マカロックに宛てた手紙で、その日付が一九六二年十月二十五日。米海軍によるキューバの海上封鎖が断行された翌日のことである。

対決を強める二国間では、言語という媒体が信頼されないため、そのコミュニケーションは言語を持たない動物のそれに似てくる。ベイトソンの観察によれば、二匹のタコは、出会いがしらにまずは戦闘の構えに入り、小競り合いのあと、強そうな方が、弱そうな相手の上に非攻撃的に覆い被さるのだ。おまえをやっつけようと思えばやっつけられるが、そうはしない――このメッセージが伝わった弱そうな方は、相手の上に乗って、わざと自分の身体の脆弱な部分(背)で攻撃を試みる。それを弱さの表現として受け取った強い方は、相手の負けを承認して退却する。この一連のプロセスに、ベイトソンは、世界を震撼させた冷戦時代の米ソの対決を重ね合わせた。ミサイルで脅す相手を軍艦で囲い込むという大国間の非言語的コミュニケーションの姿を、水槽内のタコの対決にダブらせ、これで誰かが研究の重要性を認めてくれるだろうと、本気で考えたのだろう。思いも空しく、またも資金調達に失敗した彼は翌年、フロリダ沖のヴァージン・アイランドへ向かい、ジョン・リリーのイルカ研究所の、副ディレクターの職に就く。イルカと人間のコミュニケーションを人間言語のタームで考える、「分かっていない」人気者の下ではたらくのだ。

動物たちのアナログなコミュニケーションと人間の用いる言語との違いは not という記号の有無にある。人間とは、否定の伝達を軽々とやってのける動物なのだ。この認識を明快に語る「本能とは何か」(一九六九)は、動物の記号論の専門家トマス・シービオクが編んだ論集のために書かれたものであり、他のメタローグとは時期も密度もずいぶんと違っていて、その内容は、本書全体のポイントを広く覆うものになっている。生長―学習―行動の全体をスペクトルとして捉える(一一九頁)あたりは、ベイトソンの一生のテーマを眺望させるが、それを探究するには単に「客観的」にふるまうだけでは不十分だとする言葉には、「科学する」ことの本源を問い質す哲人的風貌がつきまとう。

この「本能とは何か」という一篇は、人間の思考が対象とするにはあまりに広い内容を包み込む。夢の中で隠喩が浮遊しているとすると、思考はそれをピンで留める(一五〇頁)とあるが、本論の内容も、論文形式で書いたのではうまく伝わらないとの判断で、メタローグ形式になったのかと想像される。一徹だった父の後を受けて、生命の形態の持続と変容という問題を、ダーウィンに対抗するやり方で追いかけてきたベイトソンは、諸学の境界を踏み越えたばかりか、ここにきて科学の営みそのものを思考の俎上に載せ、その輪郭を問い、科学がほとんど科学でなくなるところまで来てしまったように思われる。なぞらえに満ちたその議論は、それ自体、隠喩の舞いのようだが、それというのも、意識の枠外へ、動物の心の中へ入っていこうとする試みが、単なるマジメさの中で遂行できるものでもないと知っていたからだろう。

以上、グレゴリー・ベイトソンの遍歴とその思索の深まりについて、上巻に関わる範囲で追ってきた。中巻は、一九五〇年代のパロ・アルトで進めた、関係性の病理に関する考察（彼を有名にした「ダブルバインド」の理論）が中心となる。「統合失調症」として排除・収容されがちなものを、日常の中に引き戻して考えることで、コミュニケーションの普遍的で基底的な構造を知ろうとする、きわめて冒険的な科学の形を堪能されたい。下巻は、生物学・認識論・エコロジー篇。父ウィリアムの導きで考え始めた生命の形態と進化の問題に、グレゴリーなりの結論をつける生物学分野の論考の他、サイバネティクスの思考に基づく世界観を整理し体系化するいくつかの試み、および、環境汚染や都市計画に対して、それらを心のエコロジーの問題として弁じる論考を収める。

『精神の生態学へ』には、〝二十世紀の自然哲学者〟グレゴリー・ベイトソン（一九〇四—八〇）の、生涯の足取りが詰まっている。この特出した思考家について深く知るには、この本を何度も読むのがお勧めの方法である。

他にもう少し読みやすいベイトソンもある。本書の出版以後、講演等にも積極的になり、徐々に信奉者を増やしてきた彼は、没する前年に一般読者に向けて *Mind and Nature* を著しており、こちらは二〇二二年に拙訳『精神と自然』が岩波文庫から再刊されている。また生前の完成は叶わなかった「聖と美についての本」が、メアリー・キャサリンの尽力によって、共著 *Angels Fear*（1987）として死後出版されている（『天使のおそれ』星川淳訳)。どちらもベイトソンの「華」といえる作品だ。なお、本書の選に漏れた、および本書以後に出た総計三十二本の論文、エッセイ、講演原稿をまとめた*Sacred Unity: Further Steps to an Ecology of Mind*(1991)という本が、教え子のロドニー・ドナルドソンの手でまとめられている。これらを含め、ベイトソンの遺した主要な著作と、彼についての主要な評伝および研究書を、以下に並べよう。詳しい書誌は、下巻に掲載する。

——中巻に続く

グレゴリー・ベイトソンの著作

一九三六　*Naven: A Survey of the Problems suggested by a Composite Picture of the Culture of a New Guinea Tribe drawn from Three Points of View*, Cambridge Univ. Press. 増補第二版 Stanford Univ. Press, 1958.

一九四二　(共著) *Balinese Character: A Photographic Analysis*, The New York Academy of Sciences (マーガレット・ミードと)。外山昇訳『バリ島人の性格——写真による分析』国文社、二〇〇一。

一九四三　"An Analysis of the Nazi Film *Hitlerjunge Quex*," New York, Museum of Modern

Art Film Library. 宇波彰・平井正訳『大衆プロパガンダ映画の誕生——ドイツ映画「ヒトラー青年クヴェックス」の分析』御茶の水書房、一九八六。

一九五一 （共著）*Communication: The Social Matrix of Psychiatry*, New York, Norton & Co.（ジャーゲン・ルーシュと）。佐藤悦子、ロバート・ボスバーグ訳『コミュニケーション——精神医学の社会的マトリックス』思索社、一九八九（『精神のコミュニケーション』に改題、新思索社、一九九五）。

一九六一 （編）*Perceval's Narrative: A Patient's Account of His Psychosis, 1830-1832*, Stanford Univ. Press.（一八三八年と四〇年に出版された精神病患者自身の手記を編集し、序文をつけたもの。）

一九七二 *Steps to an Ecology of Mind*, San Francisco, Chandler Pub. Co. 再版（メアリー・キャサリン・ベイトソンによる新序文つき）Univ. of Chicago Press, 2000. 佐藤良明訳『精神の生態学』思索社、一九九〇。改訂第二版、新思索社、二〇〇〇。改訳版『精神の生態学へ』岩波文庫（全三冊）、二〇二三。

一九七九 *Mind and Nature: A Necessary Unity*, Boston, Dutton. 佐藤良明訳『精神と自然——生きた世界の認識論』思索社、一九八二。改訂版、新思索社、二〇〇一。改訳版、岩波文庫、二〇二二。

一九八七 （共著）*Angels Fear: Towards an Epistemology of the Sacred*, New York, MacMillan（メアリー・キャサリン・ベイトソンと）。星川淳・吉福伸逸訳『天使のおそれ——聖なるもののエピステモロジー』青土社、一九八八。新版、星川淳訳、一九九二。

一九九一　*Sacred Unity: Further Steps to an Ecology of Mind*, New York, HarperCollins（ロドニー・ドナルドソン編）。

評伝

一九七二　マーガレット・ミード *Blackberry Winter: My Early Years*, New York, William Morrow. 和智綏子訳『女として人類学者として——マーガレット・ミード自伝』平凡社、一九七五。

一九八〇　デイヴィッド・リプセット *Gregory Bateson: The Legacy of a Scientist*, Hoboken NJ, Prentice Hall. 改訂版 Boston, Beacon Press, 1982.（晩年のベイトソンが、自分の思考と生い立ちとの関連について調査を始めた学生を資料と記憶で手助けして書かれた本。本稿の伝記的事項は、ほとんどこの本に負っている。）

一九八四　メアリー・キャサリン・ベイトソン *With a Daughter's Eye: Memoir of Margaret Mead and Gregory Bateson*, New York, William Morrow. 佐藤良明・保坂嘉恵美訳『娘の眼から——マーガレット・ミードとグレゴリー・ベイトソンの私的メモワール』国文社、一九九三。

研究書、論集

一九七七　ジョン・ブロックマン編 *About Bateson: Essays on Gregory Bateson by Mary Catherine Bateson, Ray Birdwhistell, John Brockman, David Lipset, Rollo May, Margaret Mead,*

Edwin Schlossberg, New York, Dutton.
一九八四　『現代思想』第十二巻第五号(特集＝ベイトソン　関係性のパラドクス)。
一九八九　ロバート・W・リーバー編 *The Individual, Communication, and Society: Essays in Memory of Gregory Bateson*, Cambridge Univ. Press.
一九九五　ピーター・ハリーズ＝ジョーンズ *A Recursive Vision: Ecological Understanding and Gregory Bateson*, Univ. of Toronto Press.
二〇〇五　*Cybernetics & Human Knowing: a Journal of Second-Order Cybernetics, Autopoiesis and Cyber-Semiotics*, Vol. 12, No. 1-2(グレゴリー・ベイトソン特集号)。
二〇〇八　ノエル・G・チャールトン *Understanding Gregory Bateson: Mind, Beauty, and the Sacred Earth*, State Univ. of New York Press.
二〇一七　アンソニー・チェイニー *Runaway: Gregory Bateson, the Double Bind, and the Rise of Ecological Consciousness*, Univ. of North Carolina Press.
二〇二〇　フィリップ・グッデ〃 *Gregory Bateson on Relational Communication: From Octopuses to Nations*, Switzerland, Springer.

精神《せいしん》の生態学《せいたいがく》へ（上）〔全3冊〕
グレゴリー・ベイトソン著

2023年4月14日　第1刷発行
2023年5月25日　第2刷発行

訳　者　佐藤良明《さとうよしあき》

発行者　坂本政謙

発行所　株式会社 岩波書店
〒101-8002 東京都千代田区一ツ橋2-5-5

案内 03-5210-4000　営業部 03-5210-4111
文庫編集部 03-5210-4051
https://www.iwanami.co.jp/

印刷・三陽社　カバー・精興社　製本・中永製本

ISBN 978-4-00-386029-8　Printed in Japan

読書子に寄す

——岩波文庫発刊に際して——

岩波茂雄

真理は万人によって求められることを自ら欲し、芸術は万人によって愛されることを自ら望む。かつては民を愚昧ならしめるために学芸が最も狭き堂宇に閉鎖されたことがあった。今や知識と美とを特権階級の独占より奪い返すことはつねに進取的なる民衆の切実なる要求である。岩波文庫はこの要求に応じそれに励まされて生まれた。それは生命ある不朽の書を少数者の書斎と研究室とより解放して街頭にくまなく立たしめ民衆に伍せしめるであろう。近時大量生産予約出版の流行を見る。その広告宣伝の狂態はしばらくおくも、後代にのこすと誇称する全集がその編集に万全の用意をなしたるか。千古の典籍の翻訳企図に敬虔の態度を欠かざりしか。さらに分売を許さず読者を繋縛して数十冊を強うるがごとき、はたしてその揚言する学芸解放のゆえんなりや。吾人は天下の名士の声に和してこれを推挙するに躊躇するものである。このときにあたって、岩波書店は自己の責務のいよいよ重大なるを思い、従来の方針の徹底を期するため、すでに十数年以前より志して来た計画を慎重審議この際断然実行することにした。吾人は範をかのレクラム文庫にとり、古今東西にわたって文芸・哲学・社会科学・自然科学等種類のいかんを問わず、いやしくも万人の必読すべき真に古典的価値ある書をきわめて簡易なる形式において逐次刊行し、あらゆる人間に須要なる生活向上の資料、生活批判の原理を提供せんと欲する。この文庫は予約出版の方法を排したるがゆえに、読者は自己の欲する時に自己の欲する書物を各個に自由に選択することができる。携帯に便にして価格の低きを最主とするがゆえに、外観を顧みざるも内容に至っては厳選最も力を尽くし、従来の岩波出版物の特色をますます発揮せしめようとする。この計画たるや世間の一時の投機的なるものと異なり、永遠の事業として吾人は微力を傾倒し、あらゆる犠牲を忍んで今後永久に継続発展せしめ、もって文庫の使命を遺憾なく果たさしめることを期する。芸術を愛し知識を求むる士の自ら進んでこの挙に参加し、希望と忠言とを寄せられることは吾人の熱望するところである。その性質上経済的には最も困難多きこの事業にあえて当たらんとする吾人の志を諒として、その達成のため世の読書子とのうるわしき共同を期待する。

昭和二年七月

岩波文庫の最新刊

幸徳秋水著／梅森直之校注
兆民先生 他八篇

幸徳秋水（一八七一―一九一一）は、中江兆民（一八四七―一九〇一）に師事して、その死を看取った。秋水による兆民の回想録は明治文学の名作である。「兆民先生行状記」など八篇を併載。〔青一二五―四〕 **定価七七〇円**

グレゴリー・ベイトソン著／佐藤良明訳
精神の生態学へ（上）

ベイトソンの生涯の知的探究をたどる。上巻はメタローグ・人類学篇。頭をほぐす父娘の対話から、類比を信頼する思考法、分裂生成とプラトーの概念まで。（全三冊）〔青N六〇四―二〕 **定価一一五五円**

カール・ポパー著／小河原誠訳
開かれた社会とその敵
第一巻 プラトンの呪縛（下）

プラトンの哲学を全体主義として徹底的に批判し、こう述べる。「人間でありつづけようと欲するならば、開かれた社会への道しか存在しない。」（全四冊）〔青N六〇七―二〕 **定価一四三〇円**

佐々木徹編訳
英国古典推理小説集

ディケンズ『バーナビー・ラッジ』とポーによるその書評、英国最初の長篇推理小説と言える本邦初訳『ノッティング・ヒルの謎』を含む、古典的傑作八篇。〔赤N二〇七―一〕 **定価一四三〇円**

……今月の重版再開……

ガーネット作／安藤貞雄訳
狐になった奥様
定価六二七円〔赤二九七―一〕

アンドレ・ジイド著／渡辺一夫訳
モンテーニュ論
定価四八四円〔赤五五九―一〕